Carl-Auer

Guglielmo Gulotta

Gemeinsam in die Falle gehen

Vom Beziehungsdrama zum Happy End

Mit einem Vorwort von Paul Watzlawick
Illustrationen von Alfredo Chiappori

Aus dem Italienischen von Britta Nord

Dritte Auflage, 2009

Umschlaggestaltung: Uwe Göbel
Illustrationen: Alfredo Chiappori
Satz: Verlagsservice Hegele, Heiligkreuzsteinach
Printed in Germany
Druck und Bindung: Freiburger Graphische Betriebe, www.fgb.de

Dritte Auflage, 2009
ISBN 978-3-89670-408-7
© 2003, 2009 Carl-Auer-Systeme Verlag und Verlagsbuchhandlung GmbH, Heidelberg
Alle Rechte vorbehalten

Die Originalausgabe dieses Buches erschien unter dem Titel
„Commedie e drammi nel matrimonio"
im Verlag Giangiacomo Feltrinelli Editore, Mailand, Italien
Copyright © 1976 by Giangiacomo Feltrinelli Editore

Bibliografische Information der Deutschen Nationalbibliothek
Die Deutsche Nationalbibliothek verzeichnet diese Publikation
in der Deutschen Nationalbibliografie; detaillierte bibliografische
Daten sind im Internet über http://dnb.d-nb.de abrufbar.

Informationen zu unserem gesamten Programm, unseren Autoren
und zum Verlag finden Sie unter: www.carl-auer.de.

Wenn Sie Interesse an unseren monatlichen Nachrichten
aus der Häusserstraße haben, können Sie unter
http://www.carl-auer.de/newsletter den Newsletter abonnieren.

Carl-Auer Verlag GmbH
Häusserstraße 14
69115 Heidelberg
Tel. 0 62 21-64 38 0
Fax 0 62 21-64 38 22
info@carl-auer.de

Inhalt

Vorwort zur Originalausgabe ... 6

1 Der Strudel der Beziehung: ein Beispiel ... 8
2 Wie Beziehungen sind und wie sie sein könnten ... 10
3 Wahrheit und Vertrauen in der Partnerschaft ... 19
4 Das Beziehungssystem ... 24
5 Die Regeln der Zweierbeziehung ... 37
6 Zwischenmenschliche Beziehungen ... 44
7 Kommunikation ... 49
8 Manöver, Strategien und Gegenstrategien im partnerschaftlichen Guerillakrieg ... 76
9 Streiten, um nicht zu streiten ... 114
10 Prinzipien der paradoxen Paartherapie ... 126

Literaturverzeichnis ... 143

Vorwort zur Originalausgabe

Als mir Guglielmo Gulotta das Manuskript des vorliegenden Buches zeigte, kannte ich ihn nur als Autor einer gewichtigen Abhandlung über Psychoanalyse und strafrechtliche Verantwortlichkeit, in der er sich als profunder Kenner intrapsychischer Vorgänge und der zu diesem schwierigen Thema auf beiden Seiten des Atlantik erschienenen Literatur erweist.

Jetzt hat er dieses Buch über die Widrigkeiten des Lebens im Partnerschaftsdschungel geschrieben: ein Buch, das sehr unterhaltsam ist und das trotz seines scherzhaften Tons viele sehr wichtige Dinge zur Sprache bringt. Unter anderem macht es deutlich, dass in der Paartherapie durch die Aufgabe eines rein intrapsychischen Ansatzes zu Gunsten einer moderneren Auffassung, die von interagierenden Systemen ausgeht, neue Lösungen, die vorher unmöglich schienen, in den Bereich des Machbaren rücken.

Wenn zwischenmenschliche Kommunikation zum Erliegen kommt, beginnen die Kommunikationspartner unweigerlich, sich gegenseitig Geistesgestörtheit oder Bösartigkeit vorzuwerfen. Dies geschieht vor allem in Beziehungskonflikten, bei denen beide Partner der festen Überzeugung sind, dass sie selbst keinerlei Schuld tragen; es sind nur zwei Menschen beteiligt, ergo muss ihr ganzes Unglück die Schuld des anderen sein: Etwas Drittes ist ausgeschlossen. Was sie gewöhnlich nicht verstehen, ist, dass es sehr wohl eine dritte Größe gibt, nämlich ihre Beziehung: Sie ist die wahre Schuldige, die eigentliche Kranke.

Wie kann ein Paartherapeut seinen Patienten diesen entscheidenden Punkt begreiflich machen? Die Methode des Autors – dargestellt mit wortwörtlich aus Sitzungen mit Paaren übernommenen Beispielen und vor allem Cartoons –

ist in ihrer Wirkung auf den Leser herkömmlichen wissenschaftlichen Darstellungs- und Erklärungsverfahren haushoch überlegen. Die Direktheit eines mit Bedacht ausgewählten Cartoons können seitenlange Schilderungen und Interpretationen kaum übertreffen.

Ich, der ich mich viele Jahre mit den Fallstricken zwischenmenschlicher Kommunikation befasst habe, mit den Konflikten, die ungeahnt, etwa durch ungeschickt formulierte Fragen oder verwickelte Vertrauensverhältnisse, entstehen, wünsche diesem Buch viel Erfolg. Es hat ihn verdient. Obwohl ich fürchte, dass Sie, lieber Herr Gulotta, von denen, die sich in Ihren Schilderungen allzu deutlich wiedererkennen, nicht viel Dank ernten werden. Den Schleier des Geheimnisses zu lüften, kann eine undankbare Aufgabe sein. Doch diese Aufgabe haben Sie mit Bravour gelöst!

Paul Watzlawick

1 Der Strudel der Beziehung: ein Beispiel

Um sich eine Vorstellung davon zu machen, wie Menschen sich ihr Leben verkomplizieren können, vor allem wenn sie in einer lieblosen Liebesbeziehung leben, können Sie einmal versuchen, aus diesem gar nicht so unwahrscheinlichen Gespräch zwischen zwei Ehepartnern und ihrem Therapeuten klug zu werden (vgl. Laing 1996).

FRAU: Also, mein Mann regt sich immer auf, und das regt mich auf.

MANN: Ich rege mich doch überhaupt nicht auf!

FRAU: Da haben Sie es! Was mich wütend macht, ist, dass er sich nicht aufregt, wenn ich ihm sage, dass ich mich darüber aufrege, dass er sich aufregt.

MANN: Das ist nicht wahr! Eigentlich rege ich mich ja darüber auf, dass sie so aufgebracht ist, weil ich mich überhaupt nicht aufrege.

THERAPEUT *(unterbricht)*: Ja, ja, das mag ja sein, aber ...

FRAU: Und er nutzt jede Gelegenheit, um mich zu verletzen.

MANN: Und mich verletzt es, wenn ich denke, dass meine Frau denkt, dass ich sie ständig verletze. Das macht mir Angst.

FRAU: Du brauchst doch keine Angst zu haben! Immer hast du vor irgendetwas Angst!

MANN: Klar, ich habe Angst, dass ich genau dann Angst habe, wenn du mir sagst, dass ich keine zu haben brauche.

FRAU: In Wahrheit macht es meinem Mann Spaß, mich so weit zu kriegen, dass ich mir dumm vorkomme.

MANN: Du bist nicht dumm, das weißt du doch!

FRAU: Sehen Sie, er schafft es, dass ich mir dumm vorkomme, weil ich sage, dass ich es bin. Ich bin also dumm, egal ob ich Recht habe oder nicht. Es macht mich so unglücklich, dass er nicht zufrieden ist.

MANN: Na, komm, so unglücklich bin ich doch gar nicht.

FRAU: Genau das macht mich unglücklich. Er ist nicht unglücklich, obwohl er weiß, dass ich unglücklich bin, weil ich denke, er ist unglücklich.

MANN: Also müsste ich immer glücklich sein, nur damit sie glücklich ist, weil sie merkt, dass ich zufrieden bin. Du bist total egoistisch!

FRAU: Ich bin also egoistisch! Wo ich doch immer nur an dich gedacht habe und dir alles gegeben habe!

MANN: Ich habe von ihr immer nur das gekriegt, was ich nicht wollte. Wenn ich etwas will, bekomme ich es nie, das heißt, wenn ich etwas von ihr bekommen will, darf ich es nicht wollen. Wenn ich etwas habe, dann nur, weil ich es nicht will, ich darf es nicht wollen …

THERAPEUT: Sie wollen also das, was Sie nicht bekommen können, weil das, was Sie bekommen können, das ist, was Sie nicht wollen? Haben Sie denn nie versucht, einander entgegenzukommen?

MANN: Hören Sie, ich könnte ihr ja helfen, wenn sie eine starke Frau wäre, aber wenn sie Hilfe braucht, ist sie keine starke Frau, warum sollte ich ihr also helfen?

Dass zwei Menschen sich derart verknäulen, kommt gar nicht so selten vor. Wir wollen sehen, wie dieses Karussell funktioniert und ob man es stoppen kann.

2 Wie Beziehungen sind und wie sie sein könnten

Paarbeziehungen nach Typen zu klassifizieren mag gewagt erscheinen, denn genau genommen gibt es so viele Typen von Beziehungen, wie es Paare gibt. Es ist jedoch keinesfalls müßig. Eine Klassifikation kann nicht nur dem Therapeuten erste Hinweise auf eine mögliche Therapie liefern, sondern auch den Partnern helfen, und sei es nur, indem sie ihnen zeigt, dass andere die gleichen Probleme haben wie sie.

Machen Sie sich ruhig den Spaß und überlegen, zu welcher der weiter unten aufgelisteten Kategorien Ihre Beziehung gehört; Sie können fast in jedem Fall sicher sein, dass Ihr Partner eine bessere Beziehung geführt hat als Sie.

Das Kriterium der ersten Klassifikation, die ich ihrer Einfachheit wegen schätze, ist die Geschichte eines Paares: Der Beziehung wird je nach ihrer Entwicklung einer der Buchstaben A, H, O, S, V, X, Y und I zugeordnet (vgl. Berne 2000).

Mit „A" wird eine Beziehung bezeichnet, in der die Partner zu Anfang relativ weit voneinander entfernt sind, zum Beispiel weil es eine Zweckheirat war oder weil sie auf Betreiben der Eltern zustande kam, und sich dann über eine Gemeinsamkeit (den Querstrich im A), etwa ein Kind, die gemeinsame Arbeit, ein gemeinsames Hobby oder Ähnliches, langsam immer näher kommen. In der H-Beziehung ist die Anfangssituation die gleiche wie in der A-Beziehung, aber die Gemeinsamkeit vermag die Partner einander nicht näher zu bringen. Sie bleiben nur deshalb miteinander verbunden, weil es diese Gemeinsamkeit, etwa ein Kind, gibt; ihre Lebenswege verlaufen immer parallel zueinander. Eine Beziehung, in der die Partner ständig hintereinander herlaufen, ohne sich jemals zu erreichen, und sich somit sinnlos im Kreis drehen, wird mit „O" gekennzeichnet. In der S-Beziehung irren die Partner auf der Suche nach Anpassung umher; selten befinden sie sich am Ende in einer besseren Situation als am Anfang. Für eine Beziehung, die gut anfängt und sich dann stetig verschlechtert, steht der Buchstabe V. In der Y-Beziehung dauert die gute Phase deutlich länger an als in der V-Beziehung, das Ende ist das gleiche. V- und Y-Beziehungen zeigen, dass die Liebe nur ewig ist, solange sie hält. In der I-Beziehung läuft von Anfang bis Ende alles gut.

Die zweite Klassifikation beruht auf der Stabilität der Beziehung und dem Maß, in dem die Partner sie als befriedigend empfinden (vgl. Lederer u. Jackson 1980, S. 92 ff.). Die schlimmste aller möglichen Konstellationen ist eine *beständige und unbefriedigende* Beziehung. Die Partner sind unzufrieden, erhalten das Maß ihrer Unzufriedenheit jedoch aufrecht. Eine solche Partnerschaft kann man mit Fug und Recht als „lebenslange Freiheitsstrafe" bezeichnen. Obwohl die Partner hochgradig unzufrieden sind, scheinen sie dies oft nicht zu merken, was der Unzufriedenheit zusätzlich Beständigkeit verleiht. Manchmal bekunden sie sich sogar noch gegenseitig ihre Zuneigung und kaschieren damit eine tiefe Abneigung. Diese Menschen können praktisch weder mit ihrem Partner noch ohne ihren Partner leben, sie vegetieren dahin, streiten selten, fühlen sich wie in einem Käfig eingesperrt, aus dem es kein Entkommen gibt, benutzen sich gegenseitig, um sich auf Distanz zu halten.

Zum Psychotherapeuten oder Eheberater gehen sie selten, denn alles in allem sind sie der Meinung, keine großen Probleme zu haben; wenn sie sich doch an jemanden wenden, so nur um über die Schwierigkeiten mit ihren Kindern zu reden. Der einzig mögliche Pakt zwischen ihnen besteht darin, dass sie die Beständigkeit sichern, indem sie die Unzufriedenheit vertuschen. Menschen in solchen Beziehungen stürzen sich häufig mit allen verfügbaren Energien in ihre Arbeit, um vom Partner wegzukommen. Bei den Botschaften, die diese Partner einander übermitteln, ist im Allgemeinen sowohl die Sende- als auch die Empfangsqualität schlecht, und keiner bemüht sich um Klärung.

Scheidungsanwälte und Psychologen haben es meist mit *unbeständigen und unbefriedigenden* Beziehungen zu tun. Die Geschichte solcher Paare endet mit Trennung, Scheidung oder Selbstmord: Das ist das Fazit lebenslanger Reibereien zwischen zwei Menschen, die in der Regel nur geheiratet haben, um einander eine Lektion zu erteilen. Die Partner erkennen, dass ihre Beziehung gescheitert ist, tun jedoch nichts, um diesen Zustand zu ändern, sondern machen dem anderen ununterbrochen Vorwürfe, die dieser mit gehässigen Antworten quittiert, wodurch der schwelende Beziehungskrieg ständig neuen Zündstoff erhält.

Manchmal tritt in dieser Art von Partnerschaft der Konflikt nicht offen zutage, sondern äußert sich in versteckter Feindseligkeit wie Sarkasmus, Frigidität, Impotenz oder Alkoholismus. In diesem Fall schickt das Opfer der Feindseligkeit trotz der Einsicht, dass es sich um nichts anderes als Symptome der Unzufriedenheit handelt, den „kranken" Partner zum Arzt, Psychiater beziehungsweise Psychologen oder schreitet zur Selbsthilfe und stopft ihn mit Medikamenten, unter Umständen Psychopharmaka, voll. Was solche Paare zusammenhält, ist häufig die naive Hoffnung, in naher Zukunft für all den Frust der Vergangenheit entschädigt zu werden. Dadurch verstärkt sich im Laufe der Zeit die Unzufriedenheit.

Die wohl gängigste Form, vor allem bei Paaren, die seit etwa zehn Jahren verheiratet sind, ist die *unbeständige und befriedigende* Beziehung. Über sie ist insofern recht wenig bekannt, als die betreffenden Paare, eben weil ihre Beziehung ist, wie sie ist, kaum professionelle Hilfe in Anspruch nehmen, um ihre Probleme zu lösen. Die Unbeständigkeit rührt daher, dass die Partner häufig streiten, teils über Konkretes, teils über allgemeine Dinge. Befriedigend ist die Beziehung deshalb, weil die Partner, abgesehen von der sich in den Streitereien offenbarenden Feindseligkeit, keine Gegner sind, sondern Verbündete, Gefährten, die bereit sind, Höhen und Tiefen der Beziehung zu akzeptieren. Mitunter hat man den Eindruck, dass gerade die Unzufriedenheit des einen dem anderen Befriedigung verschafft, was dazu führt, dass manche keinen Frieden haben, wenn sie sich nicht im Krieg befinden.

In einer unbeständigen Beziehung hängt die Zufriedenheit der Partner unter Umständen nicht von emotionaler Zuwendung, sondern von anderen Bedingungen, zum Beispiel dem Wunsch nach sozialen Kontakten, Geld, Sicherheit und Ähnlichem, ab. Die Unbeständigkeit kann darauf zurückzuführen sein, dass die emotionale Unsicherheit eines Partners oder beider Partner mit dem Gefühl der Sicherheit,

das die Beziehung dem einen oder beiden vermittelt, in Einklang gebracht werden muss.

Die letzte Kategorie, die *beständige und befriedigende* Beziehung, ist zu vollkommen, um wirklich zu existieren. Am nächsten kommen diesem Ideal Paare, die seit vielen Jahren verheiratet sind; relativ weit davon entfernt sind Paare, die noch Kinder erziehen. In einer beständigen und befriedigenden Beziehung gelingt es den Partnern, eine Situation ohne Rivalität zu schaffen, in der die Botschaften klar, stimmig und unmissverständlich sind; die Partner sind bereit, aufeinander einzugehen. Wenn sie unterschiedlicher Meinung sind, fassen sie dies nicht als Beweis ihrer Gegnerschaft auf, sondern als typisch menschliche Eigenschaft, aus der man lernen kann. Das gibt ihnen die Möglichkeit, gemeinsame Entscheidungen zu treffen und trotzdem ein gewisses Maß an Selbstständigkeit zu bewahren.

Die Merkmale einer solchen Beziehung sind Intimität und Vertrauen; die Familie ist nicht nur ein Zweckverbund, sondern eine echte Gemeinschaft. Mit *Intimität* ist eine auf Gegenseitigkeit ausgerichtete Grundeinstellung gemeint, auf-

grund derer die betreffenden Partner Dinge lieber gemeinsam als alleine erleben. Streit und Spannungen gibt es zwar, doch die Schmerzgrenze, der kritische Punkt, wird dabei nie überschritten, und die Auseinandersetzungen bleiben auf Einzelfälle beschränkt, die der Klärung des Verhältnisses zwischen den Partnern dienen. Auch das *Vertrauen* beruht auf der Klarheit der übermittelten Informationen: Die Partner haben die Gewissheit, sich richtig zu verstehen. Vertrauen in die Partnerschaft ist nicht die Überzeugung, dass der Partner genau dem Bild entspricht, das wir von ihm haben, sondern impliziert vielmehr eine flexible Entwicklung beider Partner, die sich zwar mit der Zeit verändern, ihre Erfahrungen jedoch immer untereinander abgleichen.

In einer beständigen und befriedigenden Beziehung sehen die Partner ihre Beziehung als völlig freiwillig an: Sie sind zusammen, weil sie zusammen sein wollen. Doch dies ist eher die Ausnahme denn die Regel. Während sich die Partner vor der Ehe sicher sind, dass sie zusammen sind, weil sie es wollen, versetzt sie die Heirat in eine Lage, in der sie nicht mehr wissen, ob sie zusammenbleiben, weil sie es wollen oder weil sie es müssen (vgl. Haley 1987, S. 155). In zwischenmenschlicher Hinsicht ist dies vielleicht die größte Tücke der Institution Ehe. Wenn die Partner es nicht schaffen, Freiwilligkeit und Verbindlichkeit, beides unvermeidbare Bestandteile der Ehe, miteinander zu vereinbaren, sondern den institutionellen Aspekt ihrer Beziehung und damit die Pflicht in den Vordergrund stellen, fühlen sie sich eingezwängt. Und das ist, auch wenn es nur einem von beiden passiert, fatal. Auf der anderen Seite kann die Tatsache, dass die Ehe das Zusammenleben zur Pflicht macht, einen von beiden oder beide achtlos werden lassen: So mag zum Beispiel der Mann, der seine Angebetete in der ersten Zeit mit großer Aufmerksamkeit umgibt und mit Geschenken überschüttet, nach der Heirat in der Gewissheit, dass sie ganz und für immer sein ist, Gesten, die ihm früher notwendig schienen, nun für überflüssig halten, was einerseits die Frau frustriert und andererseits das Interesse des Mannes für sie stetig schwinden lässt.

Auch die Möglichkeit der Scheidung, die es in Italien seit den siebziger Jahren, in anderen Ländern schon länger gibt, hat an dieser Sachlage offenbar nicht viel geändert, denn die Scheidung einzureichen, liegt vielen Menschen immer noch recht fern. Das Dilemma ist somit ausweglos, solange man, wie ich es im Übrigen auch in diesem Buch tue, die Ehe als unveränderliche Institution hinnimmt, mit der die Menschen sich arrangieren müssen. Diese Haltung ist insofern bemerkenswert, als man angesichts der zunehmenden Zahl von Trennungen und Scheidungen annehmen könnte, anstatt den Menschen an die Ehe anzupassen, gelte es eher, das Gegenteil zu tun. Die Einführung der Ehescheidung war sicherlich eine bedeutende Errungenschaft; bedauerlich ist nur, dass niemand sich die Mühe gemacht hat, ein Gesetz zu erlassen oder Institutionen zu schaffen, die Ehepartnern helfen, es nicht so weit kommen zu lassen. Wollen wir hoffen, dass die Familienberater, die es seit einiger Zeit gibt, in diesem Sinne etwas erreichen können.

Die drastischste Lösung wäre es, die Ehe als Institution abzuschaffen, damit, wer möchte, freiwillig eine Verbindung eingehen und diese „Ehe" nach eigenem Gusto gestalten kann. Auf weniger drastische Weise und ohne Gruppenehe und offene Familie in Betracht zu ziehen, die von unserer monogamen Mentalität zu weit entfernt sind und außerdem nicht geringere Probleme schaffen als das heute gültige Familienmodell, würde es zur Verbesserung der Situation vielleicht genügen, eine Form von Ehe zu entwickeln, bei der beide Partner mit einem einfachen formellen Akt auf dem Standesamt ihr „Ja" in regelmäßigen Abständen bestätigen – zum Beispiel alle drei Jahre, wenn sie keine Kinder haben, wobei sich der Zeitraum für jedes Kind um ein Jahr verlängert. Dieser Vorschlag sollte besser von einem gesetzgebenden Gremium formuliert werden (vielleicht interessiert er ja den einen oder anderen Parlamentsabgeordneten, der sein Image aufpolieren möchte): Der Bestätigungstermin könnte aufgeschoben werden, wenn die Frau schwanger ist, oder je nach Alter der Kinder festgelegt werden. Man müsste auch überlegen, ob diese Art von Ehe zusätzlich zu der herkömmlichen standesamtlichen Ehe eingeführt werden oder diese ersetzen soll. Natürlich muss ich als Verhaltenswissenschaftler Glaubensregeln respektieren und kann nur wünschen, dass jeder, der dies möchte, nach den Bestimmungen seiner Religion heiraten und seinem Glauben in jeder Hinsicht treu bleiben kann. Doch dies dürfte Alternativlösungen nicht ausschließen.

Falls die Partner die hier skizzierte Ehevariante gewählt haben und einer von beiden oder beide die Verbindung nicht bestätigen wollen, nimmt in gegenseitigem Einvernehmen jeder seine Sachen – die Besitzverhältnisse wurden vor der Ehe genau festgehalten – und geht seines Weges; im Konfliktfall, vor allem was das Sorgerecht für die Kinder angeht, entscheidet der Zivilrichter mit Rücksicht auf das Wohl der Kinder. Dieses System – je länger ich darüber nachdenke, desto überzeugter bin ich, dass es erheblich zur Besserung beitrüge und vor allem die Familie in der heute vorherrschenden Form nicht schwächen würde – hat den Vorteil, dass die Partner sich einander nie ganz sicher sein können; allerdings würden sich für die Kinder von Partnern, die ihre Ehe nicht bestätigt haben, die gleichen Probleme stellen wie für die Kinder getrennt lebender oder geschiedener Eltern, und die sind bekanntlich nicht zu unterschätzen.

Doch die Vorteile überwögen die Nachteile bei weitem. In einer Welt, in der Frauen wünschenswerterweise finanziell unabhängig sind, könnte sich mit dem hier skizzierten System keiner der beiden Partner der Ehe auf Gedeih und Verderb ausgeliefert fühlen. Wer unzufrieden ist, hat die tröstliche Aussicht, beim nächsten Bestätigungstermin einfach „Nein" sagen zu können. Wer Wert auf Stabilität und Beständigkeit seiner Beziehung legt, wird sich so verhalten, dass der andere bereit ist, die Beziehung zu bestätigen. Die permanente Gefahr, dass der andere nicht erneut „Ja" sagt, führt dazu, dass (ich halte mich hier und im Folgenden der Einfachheit halber an das traditionelle Rollenverhältnis) die Frau sich eben nicht „gehen lässt", wie Aznavour in einem sehr schönen Lied singt, und zu Hause nur noch im Morgenrock und mit Lockenwicklern herumläuft, weil sie ja schon einen Mann hat, sondern auf ihr Äußeres achtet und der Mann eben nicht den ganzen Abend vor dem Fernseher hängt, sondern seiner Frau Aufmerksamkeit widmet, an Geburts- und Hochzeitstage denkt, sich mit ihr unterhält, auch wenn er Stress im Büro hatte.

3 Wahrheit und Vertrauen in der Partnerschaft

Einer der schlimmsten Vorwürfe, die ein Partner dem anderen machen kann, lautet: „Du hast mich angelogen!" Häufig schlagen sich Partner außerdem mit Fragen herum wie „Sag ich's ihm oder sag ich's ihm nicht?", „Soll ich ehrlich zu ihr sein oder nicht?". Spezialisten raten gewöhnlich zur bedingungslosen Ehrlichkeit; Praktiker halten es für besser zu schweigen, wenn die Sache für den anderen unangenehm sein könnte.

Ich unterscheide zwischen „Eine-Wahrheit-Vorspielen" und „Nicht-die-Wahrheit-Sagen". Eine Wahrheit vorspielen heißt, sich anders darzustellen, zu versuchen, auf die Mitmenschen anders zu wirken, als man zu sein meint – meist um im Sinne der eigenen Vorstellung davon, was die anderen von einem erwarten, besser dazustehen. Verstehen wir uns recht: Es ist normal, dass jemand in der Kennenlernphase Tatsachen, Gedanken und Verhaltensweisen zu verheimlichen sucht, die aus seiner Sicht dem anderen missliebig sein könnten, und positive Charaktermerkmale herauskehrt, die ihm womöglich fremd sind. Wenn diese Inszenierung jedoch weite Bereiche der Persönlichkeit erfasst oder gar in der Erschaffung und Darstellung eines falschen Selbst mündet, ist sie extrem gefährlich und zerstörerisch, weil sie, sobald sie durchschaut wird, das für die Beziehung unabdingbare gegenseitige Vertrauen erschüttert.

Nicht die Wahrheit zu sagen, hat einen anderen Stellenwert. Aufrichtig zu sein bedeutet, seine Worte an das anzupassen, was man wirklich denkt. Meines Erachtens besteht Ehrlichsein nicht so sehr darin, dass man die Wahrheit sagt, sondern eher darin, dass man gewillt ist, sich mitzuteilen, dass man sich vornimmt, alles zu sagen, was man sich auch zu tun traut, dass man versucht, die Worte mit den Gedanken in Übereinstimmung zu bringen.

Wahrhaftigkeit ist jedoch, wie jede Tugend, mit Vorsicht zu genießen: Manche Wahrheiten werden nur geäußert, um Macht auszuüben. Die Methoden sind vielfältig und oft sehr subtil. Eine mir bekannte Frau quält ihren Mann, von dem sie weiß, dass er eifersüchtig ist, obwohl er es nicht zeigt, mit Bemerkungen wie dieser: „Komisch, heute Nacht habe ich geträumt, dass ich dich mit deinem ehemaligen Schulkamerad Robert betrüge, und ich war richtig glücklich."

Eine in böser Absicht geäußerte Wahrheit ist schlimmer als jede Lüge. Ich will nicht so weit gehen wie Mark Twain und behaupten, dass die Wahrheit ein wertvolles Gut ist, mit dem man sparsam umgehen muss, aber ich bin der Meinung, dass das Wahrheitsgebot, auch wenn es nach wie vor besteht, nicht um jeden Preis erfüllt werden muss, sondern nur, wenn dies den äußeren Umständen angemessen ist – der Einfluss der Umgebung und der Gesellschaft auf die Partnerbeziehung ist allseits bekannt. Kurz: Man muss nicht immer alles sagen, was man denkt, aber man muss alles denken, was man sagt.

Meiner Erfahrung nach wird in einer Beziehung zwischen Partnern, die mit ihrer Beziehung zufrieden sind und von ihren Freunden als zufrieden eingeschätzt werden, zwar hin und wieder eine Lüge erzählt oder etwas verschwiegen, aber so gut wie nie das praktiziert, was ich als „eine Wahrheit vorspielen" bezeichnet habe. Wie könnte man nach all dem, was uns die Psychoanalyse über die Bedeutung von Fantasien gelehrt hat, dem Partner immer wahrheitsgemäß antworten, wenn er fragt, was man gerade denkt? Wer hätte wohl den Mut zu sagen: „Ich dachte gerade, dass ich eifersüchtig auf meine Mutter bin" oder „Mein Vater wäre der ideale Sexpartner für mich"?

Bereitet das Bedürfnis nach Wahrheit also ernsthafte Probleme, so kann die Sache mit dem Vertrauen manchmal ganz schön für Verwirrung sorgen. Ich erinnere mich an den Fall eines Mannes, der zu Recht das vollste Vertrauen seiner Frau genoss, unter anderem weil er immer seine Versprechen hielt. Nun verlangte er von seiner Frau, den Kontakt zu einer Freundin abzubrechen, und drohte ihr, andernfalls der Freundin zu verraten, dass seine Frau ihm ein Geheimnis von ihr weitererzählt hatte. Die Frau wollte eine gute Freundin nicht vor den Kopf stoßen und quälte sich mit diesem Gedanken, obwohl ihr Mann inzwischen davon abgekommen war, die Freundin mit dem Geheimnisverrat zu konfrontieren. Er hatte eingesehen, dass es keinen Sinn machte, sich der Freundschaft der beiden Frauen entgegenzustellen, auch weil ihm die Freundin nicht mehr so unsympathisch war wie zuvor. In dieser Situation hatten die Partner sich gegenseitig in die Falle gelockt: Der Mann war so vertrauenswürdig, dass seine Frau ihm ein Geheimnis ihrer Freundin anvertraut hatte, obwohl sie wusste, dass er diese Frau nicht mochte. Er hatte dann gedroht, dieses Vertrauen zu verletzen, indem er der Freundin erzählte, dass er von ihrem Geheimnis erfahren hatte, und eben weil er ein so ver-

trauenswürdiger Mensch war, war seine Frau der festen Überzeugung, dass er seine Drohung wahr machen würde, auch als er nachher sagte, er würde davon absehen. Die Frau ging davon aus, er halte wie immer sein Versprechen (der Freundin alles zu sagen), und nahm daher an, er breche sein (späteres) Zugeständnis (der Freundin nicht zu verraten, dass er von ihrem Geheimnis wusste).

Ich kennen einen Mann, der seiner Frau beigebracht hatte, ihm zu vertrauen und gleichzeitig sich selbst nicht zu vertrauen. Die Frau musste daher ihr – unwürdiges – Vertrauen in den Mann setzen, der sie als nicht vertrauenswürdig hinstellte, so dass eben das Vertrauen, dass sie zu ihrem Mann hatte, nicht vertrauenswürdig war.

Das Vertrauen eines Menschen kann man meiner Ansicht nach einzig und allein dadurch gewinnen, dass man sagt: „Du darfst mir nie hundertprozentig vertrauen, mir nie alles sagen!" Genauso besteht wohl die einzige Möglichkeit, jemandem zu vertrauen, darin zu behaupten, dass man dies nicht tue. Aber das könnte auch Unaufrichtigkeit zweiten Grades sein – und da beißt sich die Katze in den Schwanz.

4 Das Beziehungssystem

Eine Beziehung ist nicht einfach die Summe ihrer Bestandteile: „Hans + Liese = Beziehung der Müllers" ist also genauso unwahr, wie wenn man behauptet, Wasser sei Wasserstoff + Sauerstoff (vgl. Lederer u. Jackson 1980, S. 22 ff.). Ein Paar setzt sich aus drei Elementen zusammen: dem Ich, dem Du und dem Wir. Diese Verbindung wird heute von vielen Wissenschaftlern als *System* bezeichnet: Ein System besteht aus der Summe seiner Bestandteile plus der Art und Weise, in der diese Teile wechselseitig aufeinander einwirken. Es kann definiert werden als Menge von Objekten zusammen mit den Beziehungen zwischen diesen Objekten und deren Merkmalen. In der Ehe sind die Objekte der Ehemann und die Ehefrau, die Merkmale sind ihre persönlichen Eigenschaften und die Beziehungen sind diejenigen, die das System zusammenhalten (Liebe, die Lebensgemeinschaft, finanzielle Interessen und so weiter).

Die Einstellung der Partner zum System kann kooperativ oder individualistisch sein. *Kooperativ* eingestellte Partner investieren ihre seelischen und körperlichen Energien in die Realisierung einer gemeinsamen Existenz. *Individualistisch* eingestellte Partner verschwenden Energien oder halten diese zu Ungunsten des Wir zurück, um ihre Individualität und ihre Gewohnheiten zu bewahren.

Die systemische Auffassung hat das Verständnis von Phänomenen erleichtert, die man sich vorher schwer erklären konnte. Die *Allgemeine Systemtheorie*, eine Theorie, die den Systembegriff auf alle Wissenschaften anwendet (vgl. Bertalanffy 1998), geht unter anderem davon aus, dass jede Veränderung eines der zum System gehörenden Objekte eine Veränderung aller anderen Teile und des ganzen Sys-

tems zur Folge hat (vgl. Watzlawick, Beavin u. Jackson 2000, S. 119). So wird zum Beispiel verständlich, warum eine Frau, wenn ihr alkoholabhängiger Mann, vielleicht nach einer langen Psychotherapie, endlich aufhört zu trinken, in eine Depression verfällt oder ihrerseits beginnt, dem Wein übermäßig zuzusprechen. Heute weiß man, dass man bei der Bewertung einer solchen zwischenmenschlichen Situation berücksichtigen muss, wie der Mann auf das Verhalten der Frau reagiert, aber auch wie seine Reaktionen das künftige Verhalten der Frau beeinflussen und dieses wiederum seine Handlungsweise.

Diese Art von Beziehung kann man so darstellen:

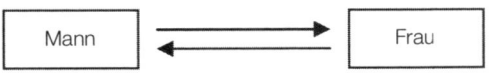

Besteht zwischen den verschiedenen Teilen eines dynamischen Systems eine solche wechselseitige Wirkung, so spricht man von *Rückkopplung* oder *Feedback*. Nur so lassen sich bestimmte Vorgänge in der Partnerbeziehung erklären. Einer der wichtigsten ist die *Selffulfilling Prophecy*: Die Müdigkeit eines von der Arbeit heimkehrenden Mannes kann von seiner Frau missverstanden werden und sie zu der Frage veranlassen, ob er schlecht gelaunt sei. Er verneint mit einer Armbewegung, die als gereizt interpretiert wird, aber eigentlich nur heißen soll „Ich habe keine Lust zu reden"; sie beharrt darauf, dass er ja wohl schlecht gelaunt sei, bis er schließlich schreit: „Ich bin nicht schlecht gelaunt, verdammt noch mal!". Was der Frau die Möglichkeit gibt zu sagen: „Hab ich's doch gewusst, dass du schlecht gelaunt bist, mir kannst du eben nichts vormachen!"

Manchmal setzen wir uns etwas in den Kopf, das wir unbedingt bestätigt sehen wollen, doch wir bekommen diese Bestätigung schließlich nur, weil wir uns mit unserem ganzen Verhalten darum bemühen. Eine Freundin von mir behauptet, ein sehr feines Gespür für unsympathische Menschen zu haben, weil diese sich angeblich früher oder später selbst verrieten. Ich habe sie in der Öffentlichkeit mit Leuten gesehen, von denen sie „spürt", dass sie unsympathisch sind: Sie verhält sich so abweisend, dass sie damit zwangsweise eine ähnliche Haltung bei ihrem Gegenüber proviziert, was dann ihre Vermutung bestätigt.

Wenn diese Verhaltensweisen innerhalb eines Systems von gewisser Dauer sind, streben sie nach *Homöostase*, das heißt danach, ihr Verhältnis zu den Handlungen der anderen Elemente des Systems konstant zu halten. Dies mag überraschend klingen, doch einem aufmerksamen Beobachter wird nicht entgehen, dass Verhaltensweisen innerhalb der Familie darauf abzielen, den Status quo zu wahren, indem sie jede Veränderung sabotieren. In der Paartherapie kommt es häufig vor, dass, wenn sich der eine „bessert", der andere das zwar offiziell gutheißt, die veränderte Situation jedoch boykottiert, indem er sagt, sie sei nur vorübergehend so; wenn sich herausstellt, dass sie das nicht ist, wird zur Abwechslung er „krank".

Erfahrene Psychiater wissen, dass aus der Behauptung eines Paranoikers, seine Familie habe sich gegen ihn verschworen, die Wahrheit spricht, denn wie in vielen Fällen von „Geisteskrankheit" wollen die Mitglieder seiner Familie, auch wenn sie sich ernsthaft um ihn sorgen, in Wirklichkeit, dass er gestört bleibt, weil er als Sündenbock für die Spannungen innerhalb der Familie „auserwählt" wurde. Deren emotionales Gleichgewicht bleibt so lange gewahrt, wie er ihre Konflikte auf sich vereint und ihnen Ausdruck verleiht. Immer wenn das homöostatische Gleichgewicht innerhalb der Familie beeinträchtigt wird, werden Mechanismen der *Selbstregulierung* zu seiner Wiederherstellung in Gang gesetzt: Zum Beispiel kann die Krankheit eines Kindes die Eltern einander wieder näher bringen, weil sie gemeinsam besser damit umgehen können, und die Untreue des einen kann die Verliebtheit des anderen steigern. Eine der Grundregeln zwischenmenschlicher Beziehungen besteht darin, dass, wenn das Verhalten des einen auf eine Veränderung hindeutet, der andere mit einem Verhalten reagiert, das diese Veränderung zu begrenzen sucht (vgl. Haley 1987).

Wenn man die Familie als System definiert, muss man auch so gängige Konzepte wie das von Ursache und Wirkung überdenken und es durch *Äquifinalität* ersetzen. Wir sind gewohnt zu denken und zu sagen, dass eine Frau ihren Mann betrügt, weil er sich nicht um sie kümmert, dass ein Mann gegenüber seiner Frau gewalttätig wird, weil sie ihn reizt, und so weiter. Heute wissen wir, dass Ergebnisse im Verhalten nicht nur von den Ausgangsbedingungen bestimmt werden, sondern vor allem davon, wie der betreffende Prozess abläuft. Das bedeutet, dass verschiedene Ausgangsbedingungen (zum Beispiel ein gewalttätiger Mann, ein übertrieben fürsorglicher Mann) mit dem gleichen Endergebnis (seine Frau betrügt ihn) in Verbindung gebracht werden und verschiedene Ergebnisse (eine depressive oder eine extrem extrovertierte Frau) zur gleichen Bedingung (ihr

Mann ist impotent) führen können. Deshalb müssen wir auch in diesem Bereich lernen, kybernetisch zu denken und die in unserem Denken und in unserer Sprache tief verankerte lineare Kausalität durch einen zirkulären Zusammenhang zu ersetzen, der weder Anfang noch Ende hat.

Nachdem wir das Konzept von Ursache und Wirkung überdacht haben, müssen wir auch die Frage nach der persönlichen Verantwortung auf den Prüfstand stellen, denn schließlich wird das Verhalten des einen Partners durch das des anderen bedingt, das wiederum durch das des jeweils anderen bedingt wird. Tatsache ist, dass es weder den absolut guten Mann noch die absolut schlechte Frau gibt; beide zusammen machen das System aus. Dem einen oder dem anderen Recht oder Unrecht zu geben, trägt nur zum Zerfall der Familie bei, auch wenn nach gesellschaftlichen Maßstäben womöglich der eine Recht und der andere Unrecht hat.

Wenn eine Frau sagt, dass sie ihren Mann beleidigt, weil er sie schlägt, und der Mann sagt, dass er seine Frau schlägt, weil sie ihn beleidigt, und man dann einem von beiden die Schuld gibt, ist das genauso willkürlich, als würde man behaupten, dass Zebras weiß mit schwarzen Streifen und nicht schwarz mit weißen Streifen sind oder dass das Ei vor dem Huhn bzw. das Huhn vor dem Ei da war. In einem solchen Fall kann man nicht sagen, welche der beiden Verhaltensweisen die Ursache der anderen ist, weil jede Verhaltensweise die andere bedingt und von der jeweils anderen bedingt wird. Wenn wir den Fall beschreiben wollen, werden wir uns trotzdem so ausdrücken: „Der Mann schlägt seine Frau, weil sie ihn beleidigt" oder „Die Frau beleidigt ihren Mann, weil er sie schlägt"; „Der Mann schlägt seine Frau, deshalb beleidigt sie ihn" oder „Die Frau beleidigt ihren Mann, deshalb schlägt er sie". Welche der beiden Varianten gewählt wird, hängt von der jeweiligen persönlichen Sicht des Beobachters ab.

Die eben skizzierte systemische Situation kann in der folgenden Weise grafisch dargestellt werden:

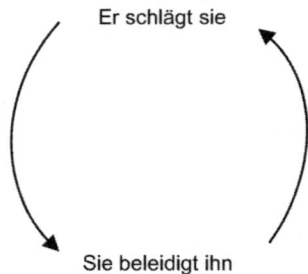

Er schlägt sie

Sie beleidigt ihn

Egal für welche der oben genannten Aussagen man sich entscheidet – die Beschreibung kann nie zutreffend sein; sie ist unvollständig, weil sie den Ablauf des zwischenmenschlichen Geschehens willkürlich in Abschnitte unterteilt: Eben weil sie kausal formuliert wird, erfasst sie nur einen Teilaspekt der Beziehung, ohne auch nur im Geringsten darüber Auskunft zu geben, wie sie tatsächlich ist. Natürlich kann man, von einem moralischen oder rechtlichen Standpunkt aus gesehen, dem Mann eine größere Schuld zusprechen, weil man die körperliche Unversehrtheit höher einschätzt als die Ehre und daher Schläge stärker ablehnt als Beleidigungen, doch solche Urteile stehen auf einem völlig anderen Blatt als die korrekte phänomenologische Diagnose der Beziehung.

In gerichtlichen Scheidungs- und Sorgerechtsverfahren ist es üblich, dass der Richter mit Hilfe der Anwälte festzustellen versucht, welcher der beiden Partner die größere Schuld trägt, und das ist verständlich, auch wenn es nicht viel nützt und häufig sogar schadet. Nicht verständlich ist hingegen, warum Psychologen und Psychiater in ihrer Eigenschaft als Sachverständige dazu beitragen, dass ein Verhalten für schuldhafter als das andere erklärt wird, anstatt zu zeigen, dass ein bestimmtes Verhalten zur Erfüllung der Ziele der Partnerschaft, vor allem von elterlichen Pflichten, nicht geeignet ist. Diese Jagd auf den Schuldigen entbehrt jeder wissenschaftlichen Grundlage; sie erschöpft sich in einem Werturteil, das einem Psychologen, der einem Richter einen fachlichen Rat erteilen soll, nicht zusteht.

In einer engen zwischenmenschlichen Beziehung ist niemand Opfer, ohne dies zuzulassen, und niemand wird zum Täter, wenn er kein Opfer zur Hand hat. Jeder hat schon erlebt, dass er in einer Beziehung vom Partner dominiert wurde, und in einer anderen selbst die Hosen anhatte; jeder war einmal Lamm und einmal Wolf. Jedem ist bewusst, dass er manchen Menschen gegenüber nett und nachgiebig und zu anderen aggressiv und grob ist: Und doch ist er immer der gleiche Mensch, der eben unter verschiedenen Bedingungen auf verschiedene Menschen unterschiedlich reagiert.

Noch komplizierter wird es, wenn man nicht nur das Paar, sondern die ganze Familie betrachtet. Nehmen wir an, wir hätten eine Familie (Mutter, Vater, Sohn und Tochter), deren „Problem" der Sohn ist, der in der Schule schlechte Noten schreibt. Der Vater sagt, dass sein Sohn nichts für die Schule tut, weil seine Frau sich nur noch um die Tochter kümmert und ihn links liegen lässt, wodurch auch er, der Vater, seine Autorität gegenüber dem Sohn eingebüßt hat. Der Vater sieht den Ablauf also so:

Die Mutter sagt, dass ihr Sohn nichts für die Schule tut, weil ihr Mann sie aus Eifersucht auf die Tochter schlecht behandelt und zum Ausgleich dem Sohn gegenüber zu nachsichtig ist; die Mutter sieht den Ablauf demnach so:

Die Tochter sagt, dass ihr Bruder nichts für die Schule tut, weil er den Vater bestrafen will, der eifersüchtig ist, weil sie, die Tochter, sich so gut mit der Mutter versteht, weswegen sich die Mutter Sorgen macht und deshalb ihren Sohn vernachlässigt; die Tochter sieht den Ablauf so:

Der Sohn sagt, dass er nichts für die Schule tut, weil seine Schwester ihm die Liebe der Mutter streitig macht, die deshalb den Vater vernachlässigt, den dieses Problem so mitnimmt, dass er ihn, den Sohn, nicht mehr versteht; der Sohn sieht den Ablauf so:

Und hier geht es nur um das Problem eines Einzelnen, nämlich des Sohns; wenn zusätzlich jeder die vermeintlichen Ursachen seiner eigenen Probleme schildern würde, würde alles noch verwickelter werden.

Wenn man diese Situation nun beurteilen will, kann man nur völlig willkürlich einem der Abläufe den Vorzug geben und, indem man eine der Verhaltensweisen als Ursache etikettiert, diesen für das Geschehen verantwortlich machen; in Wirklichkeit sind alle Interpretationen richtig und falsch zugleich. Nirgendwo sonst wird so deutlich, dass die Wahrheit eine Lüge ist.

Die einzige Möglichkeit, das Geschehen korrekt zu erfassen, illustriere ich in der folgenden Grafik ohne erklärende Zusätze, denn der *Rückkopplungskreislauf* des von uns betrachteten Systems, in dem das Verhalten eines jeden mit dem Verhalten aller anderen zusammenhängt, wird sich dem Leser inzwischen von selbst erschließen:

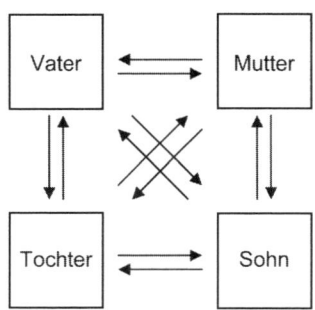

Die Situation wird außerdem noch komplizierter, wenn die Partner, wie es fast immer der Fall ist, zu einer oder mehreren Personen außerhalb des Familiensystems in Beziehung treten: Sie begründen damit ein neues, vom Familiensystem unterschiedliches System, das Veränderungen im Verhalten zueinander bewirkt. Es ist bekannt, dass Partner sich im Beisein Dritter anders zueinander verhalten, als wenn sie alleine sind, und es ist bemerkenswert, wie jeder sich der Veränderung im Verhalten des jeweils anderen, nicht aber der Veränderung im eigenen Verhalten bewusst wird.

Die Familie existiert natürlich nicht in einem sozialen Vakuum, sie ist nicht vollständig isoliert und autark, sondern auf Kontakte mit der restlichen Gesellschaft angewiesen. Die Beziehung kann daher ein offenes oder ein geschlossenes System sein, je nachdem, ob die Partner empfänglich für Veränderungen von außen sind oder eher nicht.

Eine Zweierbeziehung ist ein *geschlossenes System*, wenn sie erstens wenig auf Veränderungen von außen reagiert und zweitens durch strikte, einseitig vom dominanten Partner festgesetzte Regeln bestimmt wird. Das Verhalten der anderen ist immer entweder recht oder unrecht, entweder schwarz oder weiß, Graustufen gibt es nicht, und das Recht ist, welch Zufall, immer auf der Seite dessen, der mehr Macht hat. So wird zum Beispiel der Mann die gesellschaftlichen Veränderungen in Bezug auf die Rolle der Frau nicht zur Kenntnis nehmen, sich zu Hause weiterhin wie ein Pascha aufführen und die Frau, die wie er arbeiten geht, zwingen, ihn wie einen Herrscher im Exil zu behandeln. In einem geschlossenen Beziehungssystem müssen alle Beteiligten sehr genau darauf achten, was sie sagen, weil die wichtigste Regel des Systems ist, dass alle die gleiche Meinung, die gleichen Gefühle im gleichen Moment haben: Jede

Abweichung ist verboten, wird als Krankheit, mangelnde Liebe oder Ähnliches angesehen.

In einem *offenen System* richtet sich das Verhalten der Partner nach den Anforderungen der jeweiligen Situation. So fürchtet der Mann nicht um seine sexuelle Identität, wenn er der Frau beim Geschirrabtrocknen zur Hand geht, weil diese wie er arbeitet und daher den Haushalt schnell erledigen muss. Bei Meinungsverschiedenheiten diskutieren die Partner miteinander und schließen Kompromisse, die für beide als kleineres Übel oder als Teilerfüllung ihrer Wünsche akzeptabel sind. Uneinigkeit wird nicht als Gegnerschaft interpretiert, weil die Partner sich darüber einig sind, dass sie dies manchmal nicht sind.

Das bedeutet, dass Systeme neben der Tendenz zur Homöostase auch eine mehr oder weniger ausgeprägte *Tendenz zur Abweichung* aufweisen, die als *positive Rückkopplung* definiert wird; die Tendenz zur Aufrechterhaltung der Situation wird dementsprechend als *negative Rückkopplung* bezeichnet. Von der Qualifikation als „positiv" oder „negativ" sollte man sich nicht in die Irre führen lassen: Keine der beiden Tendenzen ist besser als die andere. Unbestritten ist allerdings, dass gestörte Familiensysteme eher zur Homöostase als zur Abweichung neigen.

5 Die Regeln der Zweierbeziehung

Wie jedes System wird die Zweierbeziehung von Regeln bestimmt: Diese Regeln sind die expliziten und impliziten Definitionen, die die Partner in Bezug auf ihre gegenseitige Beziehung aufstellen. Man kann im Wesentlichen drei Typen von Regeln unterscheiden:

1) Die von den Partnern offen ausgesprochenen Regeln, zum Beispiel: Die Frau spült, der Mann trocknet ab. Dies sind die *anerkannten Regeln*.

2) Die Regeln, die die Partner nicht offen aussprechen, aber die sie übereinstimmend zugäben, wenn sie danach gefragt würden, zum Beispiel: Wenn die Frau mit einem anderen Mann tanzt, darf sie nicht ihre Wange an seine legen. Dies sind die *impliziten Regeln*.

3) Die Regeln, die einem aufmerksamen Beobachter auffielen, deren Existenz mindestens einer der Partner jedoch leugnen würde, zum Beispiel: Der Mann boykottiert die von seiner Frau organisierten Feste, weil er neidisch darauf ist, dass sie bei Freunden so gut ankommt. Dies sind die *geheimen Regeln* (vgl. Haley 1987, S. 159 ff.).

Manche dieser Regeln sind wichtiger als andere; dies sind die *Grundregeln*, zum Beispiel: Die Frau darf mit Fremden nicht vertraulich umgehen, der Mann darf im Beisein seiner Frau nicht mit anderen Frauen flirten. Diese Grundregeln dürfen auf keinen Fall verletzt werden, weil sonst die Stabilität des Systems ernsthaft bedroht ist.

Die übrigen Regeln sind als zweitrangig anzusehen. Sie sind weniger wichtig und können von Zeit zu Zeit übertreten werden, ohne dass das System dadurch in seinen Grundfesten erschüttert würde, zum Beispiel: Die Frau darf nicht in der Öffentlichkeit rauchen, der Mann darf nicht so viel trinken, dass er angeheitert wirkt.

Alle diese Regeln zusammen bilden das, was ich den *Verhaltenskodex der Familie* nenne. Die erste wichtige Aufgabe für die Partner besteht darin, die Regeln ihrer Beziehung festzulegen. In der Partnerschaft müssen wie in jeder Art von Zusammenschluss zwischen Menschen (man denke nur an Handelsgesellschaften) die Verhältnisse geklärt und die Aufgaben eindeutig verteilt werden. Natürlich sind dem Spektrum der möglichen Verhaltensweisen des Ich und des Du in Beziehungen Grenzen gesetzt, aber damit diese Grenzen erträglich bleiben, muss jeder genau wissen, wo sie liegen.

Schwer wiegende partnerschaftliche Konflikte entstehen häufig dadurch, dass die Regeln nicht klar sind oder dass verschiedene Regeln nicht miteinander vereinbar sind. Die Verletzung der Regeln führt zur *Bestrafung*. Dass eine Regelverletzung eine Bestrafung nach sich zieht, ist relativ normal; kontraproduktiv ist jedoch, dass die Strafen fast nie einen direkten Bezug zu dem Verstoß haben, weil sie oft heimlich und indirekt vollzogen werden, so dass der Missetäter keine Möglichkeit hat, seinen Fehler einzusehen und sich künftig anders zu verhalten. Woher soll denn der arme Ehemann wissen, dass seine Frau schmollt (sie redet nicht mit ihm und verweigert den Sex), wenn sie ihm nicht sagt, dass sie sauer ist, weil er den Hochzeitstag vergessen hat?

Wenn ich bei der Therapie einen Partner auf diesen Punkt anspreche, streitet er normalerweise ab, dass er den anderen in irgendeiner Weise bestraft, aber wenn er dann beschreiben soll, wie der andere ihn bestraft, offenbaren sich manchmal sehr subtile,

manchmal auch etwas offensichtlichere Methoden der Bestrafung.

Im Gegensatz zu dem, was die Partner selbst glauben, werden die schärfsten Auseinandersetzungen allerdings nicht über die Regeln geführt, sondern darüber, wer sie festsetzen darf. Die Regeln über die Festsetzung der Regeln (also die Regeln über die Regeln) heißen *Metaregeln*. Es kann passieren, dass eine Frau großzügig darüber hinwegsieht, dass ihr Mann ab und zu abends allein mit seinen Freunden ausgeht, es sich aber nicht gefallen lässt, wenn ihr Mann versucht die Metaregel aufzustellen, dass er das Recht hat, alleine über die Abendgestaltung zu entscheiden. Diese Metaregeln gibt es immer, auch wenn die Partner zum Beispiel den Beschluss fassen, dass sie nie Verhaltensregeln beschließen, denn in diesem Fall besteht die Metaregel eben darin, dass die Beziehung grundsätzlich nicht definiert wird.

Während Konflikte darüber, welche Regeln zu befolgen sind, relativ leicht beigelegt werden können, ist die Einigung darüber, wer das Recht zur Festsetzung der Regeln hat, äußerst schwierig zu erreichen (vgl. Haley 1987). In einem meiner Fälle war die Ehefrau zwar mit ihrem Mann einer Meinung darüber, dass sie nicht jeden Morgen sämtliche Schminktuben und -döschen offen stehen lassen sollte, damit er sie nicht einzeln zudrehen musste, um selbst genug Platz zu haben, aber sie fand es überhaupt nicht in Ordnung, dass er ihr sagte, sie solle die Tuben und Döschen verschließen. Der Kampf um das Recht zur Festsetzung der Regeln ist ein Machtkampf, der deutlich macht, warum viele, durchaus auch handgreifliche, Auseinandersetzungen zwischen Partnern durch Nichtigkeiten ausgelöst werden, denn es kann, wie schon gesagt, sein, dass man dem anderen zwar darin beipflichtet, dass ein bestimmtes Verhalten angebracht ist, aber nicht darin, dass er dieses Verhalten einfordern darf.

Diese Beziehungsdynamik ist im beruflichen und im privaten Alltag häufig anzutreffen, vor allem bei besonders streitlustigen Paaren. Um das Problem in den Griff zu bekommen, ist es manchmal nützlich, wenn das Paar in der Therapie zusammen mit dem Therapeuten *Gesetzgebende Versammlungen zum Familienverhalten* durchführt. Dabei legen die Partner die Grund- und Nebenregeln ihrer Beziehung fest; als Leitlinie gilt, dass das Ich und das Du sich im Einklang mit den allgemein üblichen Regeln, doch vor allem mit Rücksicht auf ihre gemeinsamen Interessen gegenseitig beistehen und helfen. Regel Nummer 1: Nicht denken, dass man immer Recht hat.

Wenn Beziehungen zwischen Staaten, Geschäftspartnern, Kollegen von eindeutigen Regeln bestimmt werden, warum dann nicht auch die zwischen Liebespartnern?

6 Zwischenmenschliche Beziehungen

Die persönlichen Beziehungen zwischen Mann und Frau innerhalb des partnerschaftlichen Systems sind wie alle Beziehungen zwischen zwei Menschen entweder symmetrisch oder komplementär (vgl. Watzlawick, Beavin u. Jackson 2000, S. 68 ff.). In einer *symmetrischen Beziehung* will jeder der beiden Partner genauso viel wert sein wie der andere, beziehungsweise nicht weniger wert sein als er. Beide verhalten sich nach dem Motto „Ich bin genau so viel wert wie du" oder „Du bist nicht so viel wert wie ich". Alles in dieser Beziehung beruht auf Gegenseitigkeit.

Jeder der beiden Partner untermauert seine Bereitschaft und sein Recht, die Beziehung als gleichberechtigt anzusehen; in diesem Sinne kritisiert er den anderen und spricht ihm Mut und Trost zu. Durch dieses Verhalten treten die Partner zwangsweise miteinander in Wettstreit; häufig kommt es zu einer *symmetrischen Eskalation*, bei der jeder versucht, den anderen an Ebenbürtigkeit zu übertreffen, was zu einer regelrechten *Spaltung in der Beziehung* führen kann. Bei streitsüchtigen Paaren ist diese Dynamik leicht zu beobachten: Sie hacken ständig aufeinander herum, weil keiner etwas sagen oder tun kann, ohne dass der andere das Recht beansprucht, noch etwas draufzusetzen.

In einer Beziehung, die durch symmetrische Eskalation gekennzeichnet ist, scheint das Verhalten der Partner folgender Logik zu folgen: Der eine denkt: „Du machst mir keine Angst, weil ich dir ja eine runterhauen kann", der andere denkt: „Du machst mir keine Angst, weil ich genauso gut einen Aschenbecher nach dir werfen kann". Konsequenterweise müssten die Partner sich schließlich gegenseitig umbringen, um zu beweisen, dass tatsächlich einer ebenbürtiger als der andere ist. Bei den Auseinandersetzungen kann es um alles Mögliche gehen, meistens geht es jedoch um das Recht des anderen, über die betreffende Sache zu reden: „Ich habe das Recht, dir das jetzt zu sagen, und du nicht!" – „Du hast nicht das Recht dazu, ich aber sehr wohl!" (vgl. Lederer u. Jackson 1980, S. 121 ff.). Alleine können die Partner dieser Spirale des „Was du kannst, kann ich noch besser" kaum entrinnen, meist nicht einmal durch Trennung oder Scheidung, weil sie dazu ja einen gemeinsamen Beschluss fassen müssten, und das ist schon zu viel verlangt.

In einer *komplementären Beziehung* ergänzen sich die Partner gegenseitig. Einer ist *übergeordnet (one-up)*, das heißt in der Position dessen, der gibt, entscheidet, Ratschläge erteilt und kritisiert, und der andere ist *untergeordnet (one-down)*: Er bittet, gehorcht und akzeptiert, dass der andere die Beziehung als komplementär definiert. Normalerweise ist der Untergeordnete der Partner, der mehr Gefühle investiert und dadurch weniger Verhandlungsspielraum hat. Um Treue, Hingabe, Liebe, Unterstützung bittet der Untergeordnete; Vorschläge, Anordnungen, Vorwürfe werden vom Übergeordneten ausgesprochen.

Diese Art von Beziehung kann man genauso wenig grundsätzlich gutheißen oder verurteilen wie die zuvor geschilderte, denn manche Partner sind in einer symmetrischen Beziehung glücklich, andere in einer komplementären. Gefährlich wird es nur, wenn die Komplementarität erstarrt, d. h., wenn der Übergeordnete die Persönlichkeit des anderen auslöscht, indem er ihn in eine dauerhafte emotionale

und geistige Abhängigkeit zwingt. Zur Position des Untergeordneten in einer solchen *erstarrten komplementären Beziehung* fällt mir eine Anekdote ein, ich glaube von Eduardo de Filippo: Ein Ehemann ging aus Diskussionen mit seiner Frau nie als Sieger hervor – genau genommen wurde er nicht einmal Zweiter.

Gemeinhin ist eine Zweierbeziehung, also auch die Beziehung zwischen Ehepartnern, nie nur symmetrisch oder nur komplementär, auch wenn meistens einer der beiden Typen dominiert. Und, ich wiederhole, keiner der beiden Beziehungstypen ist grundsätzlich gut oder schlecht, es sei denn, er wird in einer Extremform praktiziert. In der Praxis sind Beziehungen fast immer in manchen Bereichen symmetrisch und in anderen komplementär: Zum Beispiel ist der Mann der Übergeordnete, wenn es um gemeinsame Anschaffungen geht, die Frau bei der Erziehung der Kinder; in Bezug auf den Kontakt zu Freunden ist ihre Beziehung hingegen symmetrisch. Dies betrifft jedoch nur die groben Strukturen einer Beziehung; wie es aktuell aussieht, ob ihre Beziehung gerade symmetrisch oder komplementär ist, bestimmen die Partner von Fall zu Fall, und zwar mit Hilfe ihrer Kommunikationsstrategien, um die es im Folgenden geht.

7 Kommunikation

In keinem der Presse-, Rundfunk- und Fernsehbeiträge zum Thema Beziehungskrisen wird es versäumt, darauf hinzuweisen, dass Partner, um miteinander klarzukommen, um Probleme zu vermeiden und sie zu lösen, miteinander sprechen, den Dialog suchen müssen. Meiner Ansicht nach ist dies das Mindeste, was man tun kann, denn durch den mündlichen Austausch gelingt es uns mitzuteilen, was wir wollen, was unsere Ziele sind, was wir von dem anderen erwarten, was wir gut finden und was wir schlecht finden, wie wir uns selbst sehen und wie wir den anderen sehen. Somit ist klar, dass, wenn ein Partner nicht mit dem anderen spricht, sich der durch die Sprachlosigkeit verursachte Konflikt ständig weiter verschärft.

Kommunikationsstörungen können sich in vielerlei Weise auf das Verhalten auswirken. Ich will das an einem Beispiel verdeutlichen. Wenn zwei Passagiere im Flugzeug, womöglich angegurtet, nebeneinander sitzen und einer von beiden ein Gespräch beginnt, kann der andere, der ja keine Fluchtmöglichkeit hat, zwischen vier Reaktionen wählen: 1) Er lässt sich auf das Gespräch ein; 2) er verweigert das Gespräch, wenn nötig, indem er unfreundlich wird; 3) er flüchtet sich in eine Ausrede, indem er Kopf- oder Halsschmerzen, Taubheit, Betrunkenheit, mangelndes Verständnis der Sprache oder Ähnliches vorgibt; 4) er vereitelt die Kommunikation, indem er sich selbst oder dem anderen widerspricht, abschweift, abrupt das Thema wechselt, ausweicht, missversteht, Metaphern wörtlich nimmt und konkret Gemeintes metaphorisch deutet. Wenn man diese Situation auf die Realität des Beziehungslebens überträgt, kann man im ersten Fall gute Chancen auf gegenseitige Annäherung, im zweiten ein besonders streitsüchtiges Verhalten, im dritten eine Neurose und im vierten eine regelrechte „Geisteskrankheit" diagnostizieren (vgl. dazu Watzlawick, Beavin u. Jackson 2000, S. 72 ff.; Lederer u. Jackson 1980, 66 ff.; Satir 1997, 80 ff.).

Selbst wenn es nicht in solche Extreme ausartet, hören die Partner einander häufig nur widerwillig oder mit halbem Ohr zu, so dass der Kommunikationsfluss unterbrochen und ihre Beziehung bedroht wird. Und das, obwohl es eigentlich unmöglich ist, überhaupt nicht zu kommunizieren, denn man kommuniziert nicht nur mit Worten, sondern auch mit Gesten, mit Blicken, durch die Art und Weise, wie man sich kleidet – also auch, wenn man schweigt: Nichtkommunikation gibt es nicht, weil es kein Nichtverhalten gibt.

Doch auch wenn die Partner miteinander sprechen, kommt es oft vor, dass einer das, was er sagen will, von der Logik und dem Satzbau her nicht klar ausdrückt und der andere daher nicht begreift, was sein Partner ihm mitteilen will. Defekte Botschaftsinhalte sind häufig auf bestimmte Verhaltensweisen des Senders zurückzuführen. So neigen viele Partner zu Verallgemeinerungen und zum Missbrauch der Wörter „immer" und „nie". Natürlich ist die Verallgemeinerung ein nützliches Mittel zur Strukturierung menschlicher Erfahrungen und Gedanken, aber dass ein Ehemann wegen einer Kleinigkeit sagt: „Nie respektiert mich irgendjemand!", „Niemand liebt mich!" oder „Immer ist es unordentlich!", hat keinen erkennbaren Nutzen, weder für die Gedanken noch für die Erfahrungen und am Allerwenigsten für die Familie. Andere greifen zu Verallgemeinerungen, da sie den Stillstand der Welt voraussetzen, und verkennen damit, dass die Gesellschaft sich weiterentwickelt, dass Gewohnheiten sich wandeln und dass es niemanden überzeugt, wenn man sagt: „Seit Anbeginn des Lebens ...", „Niemand hat je daran gezweifelt, dass ...", „Und jetzt willst du auf einmal die Welt verändern!", „Das weiß doch jeder!". Das Gleiche gilt für Partner, die die Entweder-oder-Fahne schwingen: „Entweder du liebst mich oder du liebst mich nicht", „Es gibt zwei Möglichkeiten: Entweder du bist nett oder du bist es nicht". Unter diesen Bedingungen fällt dem Empfänger nicht selten das Verstehen schwer.

Ein verbreitetes Phänomen ist auch die *egozentrische Kommunikation*. So manch ein Partner meint immer zu wissen, was der andere denkt oder sagen will, und lässt keine Erklärungen zu, oder er denkt, dass der andere exakt nachvollziehen kann, was er empfindet, und bemüht sich daher gar nicht erst, es zu verdeutlichen: „Du weißt genau, was ich meine!", „Tu doch nicht so, als ob du mich nicht verstehen würdest!", „Mehr sage ich nicht, du hast mich schon verstanden", „Wenn du das nicht von alleine begreifst, hat es auch keinen Sinn, dass ich es dir erkläre".

Schlimmer ist es, wenn der Sender sich zum Richter über die Empfindungen des anderen erhebt und diesem damit die Verfügungsgewalt über das, was er fühlt, entzieht: „Wie kannst du Weißwein mögen?!", „Mit ein bisschen erhöhter Temperatur kann es dir doch nicht so schlecht gehen", „Du denkst nur, dass du müde bist", „Du bist gar nicht wirklich gut gelaunt".

In anderen Fällen sind die Botschaften eindeutig unvollständig, zum Beispiel wenn ein Partner den anderen fragt: „Und du?", vielleicht um zu sagen: „Heute bin ich irgendwie traurig, du siehst auch nicht gerade glücklich aus, geht es dir genauso wie mir?", oder wenn er antwortet: „Wie Klaus eben so ist" (und vielleicht kennt der andere Klaus gar nicht oder zumindest nicht gut genug, um sich das typische Verhalten von Klaus vorstellen zu können). Oder er sagt, um ein weiteres Beispiel anzuführen: „Wie immer haben wir uns heute im Büro wieder wegen der üblichen Geschichten in die Haare gekriegt." Übersetzt heißt das: „Im Büro hatte ich eine Auseinandersetzung mit dem Chef, weil er, wie schon öfter, wollte, dass ich mich sofort um die Post

kümmere, obwohl ich wichtigere Dinge zu erledigen habe." Wenn einer der Partner solche Botschaften übermittelt, ist er normalerweise davon überzeugt, sich deutlich ausgedrückt zu haben, und lässt somit den anderen im Ungewissen über das, was er ihm sagen wollte.

Diesem bleibt nichts anderes übrig, als zu raten und sein Verhalten nach dem zu richten, was er verstanden hat, was dem Sender nicht immer recht sein dürfte, denn bekanntlich gibt es Menschen, die im Dechiffrieren von Botschaften anderer sehr gut sind,

und Menschen, die nicht mit so viel Geschick gesegnet sind.

Betrachten wir nun den – weit verbreiteten – Fall, in dem der Partner, der die Botschaft empfängt, kommunikativ genauso „gestört" ist wie der Sender. Wenn der Empfänger einer Meinung mit dem Sender ist, wird er sagen: „Ich weiß, dass du weißt, was ich denke", „Ja, stimmt, du weißt besser als ich, was ich sagen will", und davon ausgehen, dass der andere ihn auf jeden Fall versteht, oder wie der Sender verallgemeinern: „Nimm's nicht persönlich, der Mensch ist nun einmal schlecht." Wenn er anderer Meinung ist, sagt er: „Und ich bin eben doch unordentlich!", „Nein, heute verstehe ich dich nicht", „Lassen wir es gut sein!".

Es ist klar, dass in all diesen Fällen die Stabilität und die Funktionsfähigkeit der Beziehung bedroht sind. Um funktionieren zu können, ist die Familie auf die Mitarbeit der Partner angewiesen, und diese können nur dann brauchbare Ergebnisse erzielen, wenn sie eindeutig miteinander kommunizieren, vor allem wenn Entscheidungen anstehen. Klinische und experimentelle Studien haben gezeigt, dass funktionierende Familien sich dadurch von gestörten Familien unterscheiden, dass Entscheidungen, die die Familie betreffen, effizient und eindeutig gefällt werden.

Um ihre Kommunikation zu verbessern, müssten Partner, die erkennen, dass sie im oben beschriebenen Sinne „gestört" sind, sich gegenseitig darin unterstützen, die Störung zu beheben. Wenn einer der Partner eine unverständliche Botschaft gesendet hat, darf der andere nicht einfach Zustimmung oder Ablehnung signalisieren, sondern muss den Sender auffordern, ihm die Botschaft begreiflich zu machen, zum Beispiel:

MANN: Hallo, Schatz.
FRAU: Hallo, du machst aber ein Gesicht, was ist denn los?
MANN: Ach, nichts.
FRAU: Ich verstehe dich nicht.
MANN: Oh, Mann! Im Büro haben wir uns halt mal wieder wegen der üblichen Geschichten in die Haare gekriegt.
FRAU: Was heißt „in die Haare gekriegt"?
MANN: Ich hatte Streit mit dem Chef wegen der üblichen Geschichten.
FRAU: Welche Geschichten?
MANN: Die üblichen eben.

FRAU: Schatz, vielleicht hast du ja gerade keine Lust, darüber zu reden, aber ich weiß nicht, was die üblichen Geschichten sind. Du erzählst mir so viele Sachen, die mit dem Büro zu tun haben.

MANN: Ich wäre dir echt dankbar, wenn du mich nicht immer so bedrängen würdest.

FRAU: Ich bedränge dich? Vor ein paar Tagen hast du gesagt, dass ich unaufmerksam bin und mich nicht für dich interessiere, jetzt sagst du das Gegenteil. Ich versuche nur zu verstehen, was mit dir los ist. Aber wenn du keine Lust hast, mit mir zu reden, verschieben wir das eben.

In diesem Fall sendet der Mann weiterhin unklare Botschaften, obwohl seine Frau ihn um Erläuterungen bittet. Solche Menschen schmettern Nachfragen auf unterschiedliche Art und Weise ab, zum Beispiel indem sie sagen: „Stell dich doch nicht dümmer, als du bist, du weißt doch genau, was ich meine!" oder „Das war ja wohl deutlich genug" oder „Ich habe schon mehr als genug gesagt". Bei anderen Gelegenheiten beharren sie auf dem, was sie bereits gesagt haben und was der Empfänger als unverständlich bemängelt hat: „Wenn ich dir sage, es ist so, dann ist es so!", „Ich habe gesagt, du sollst das kapieren, und damit basta!", „Du weißt genau, was ich meine, wenn ich sage, dass ich dich verstanden habe".

Derjenige, der die erste unverständliche Botschaft gesendet hat, müsste seinerseits versuchen, sie deutlicher zu formulieren. Im Falle des Mannes, der genervt aus dem Büro kommt, sähe das so aus:

MANN: Ja, Schatz, das sollte heißen, dass ich mit dem Chef aneinander geraten bin.

FRAU: Und warum?

MANN: Na, wegen der Post.

FRAU: Das heißt?

MANN: Das ist schon öfter vorgekommen: Der Chef will
unbedingt, dass ich zuerst die Post erledige und dann
alles andere, ich muss aber zuerst die anderen Sachen
erledigen.

FRAU: Welche anderen Sachen?

Die Partner müssen, eventuell auch mit Hilfe eines Therapeuten, lernen, ihre Kommunikation zu verbessern, indem
sie ihre Botschaften von Anfang an klar formulieren und
zum Beispiel sagen: „Liebling, du weißt ja, dass ich von dir
nicht wie eine Nebensache behandelt werden will, und deshalb mag ich es nicht, dass du das Radio anlässt, wenn ich
mit dir spreche" oder „Ich mag mich täuschen, aber ich
habe den Eindruck, du möchtest gerne ins Kino gehen" oder
„Hör mal, habe ich da was falsch verstanden oder denkst
du tatsächlich, dass ich dich satt habe?".

Wie aus diesen Beispielen hervorgeht, muss man, wenn
man mit jemandem kommuniziert, sicherstellen, dass der
andere genau die Botschaft empfängt, die man gesendet hat.
Um das zu erreichen, sollte man unnötige Verallgemeinerungen vermeiden und nicht von vornherein davon ausgehen, dass der andere einen versteht oder dass man den anderen versteht. Damit die Kommunikation nicht einseitig
bleibt, also nicht nur dem Kommunizierenden nützt, muss
der Sender lernen, sich in den Empfänger hineinzuversetzen,
indem er sich auf dessen Kultur und Sprache einstellt und
versucht, den eigenen Standpunkt aus einer gewissen Distanz zu betrachten, um den des anderen nachvollziehen zu
können. Dazu muss man natürlich fähig sein anzuerkennen,
dass die eigene Meinung nicht die einzig mögliche ist und

dass jemand, nur weil er anderer Meinung ist, noch nicht gleich ein Schurke ist, der einem übel will. Partner, die merken, dass ihre Kommunikation gestört ist, müssen sich also angewöhnen, genauso gewissenhaft zu sein wie bei einem wichtigen Ferngespräch und 1) sich die Aufmerksamkeit des Empfängers zu sichern, indem sie über klar umrissene Themen sprechen und Ausschmückungen, die ihn ablenken könnten, vermeiden, sowie 2) sicherzustellen, dass der Empfänger die Botschaft erhalten hat und dass sie mit der übereinstimmt, die gesendet wurde.

Leider ist alles aber noch viel komplizierter, weil man, wie bereits angedeutet, nicht nur mit Worten kommuniziert, sondern auch nonverbal mit Gesten, mit dem Tonfall, mit der Körperhaltung. Diesen Aspekt der Kommunikation gilt es noch ein wenig näher zu beleuchten.

Nonverbale Botschaften dienen gemeinhin der *Metakommunikation*, das heißt der Kommunikation über die Kommunikation mit Worten. Wenn ich zum Beispiel sage, dass ich Trapezkünstler bin und gleichzeitig meinem Gegenüber zuzwinkere, kommentiere ich meine verbale Mitteilung metakommunikativ mit meiner Mimik, um dem Empfänger klar zu machen, dass sie nicht ernst gemeint ist; wenn ich mit den Achseln zucke, will ich vielleicht andeuten, dass die Sache nicht so wichtig ist. Die Metakommunikation hat die Funktion, die Gedanken des Senders der verbalen Botschaft offen zu legen, seine Einstellung zu der Botschaft (zum Beispiel: „Ich mache nur Spaß"), zu sich selbst („Ich bin ein netter Kerl, weil ich Witze mache") und zum anderen („Ich albere gerne mit dir herum"). Die Metakommunikation kann natürlich auch verbal sein, was immer dann der Fall ist, wenn jemand seine Botschaft mit Worten kommentiert wie: „Ich sage das im Spaß!", „Du darfst das nicht wörtlich nehmen!", „Ich versuche nur, dich aufzuheitern" oder „Ich wollte sehen, ob du Spaß versteh st".

Solange zwischen der Botschaft und der Metabotschaft eine gewisse Übereinstimmung besteht, hat der Empfänger keine größeren Probleme damit. Viel öfter als man glaubt, sind diese verschiedenen Aspekte der Botschaft jedoch nicht miteinander vereinbar, und das bringt den Empfänger ganz schön in Schwierigkeiten. Das ist zum Beispiel der Fall,

wenn der Tonfall im Widerspruch zum Inhalt der Botschaft steht.

Jede Botschaft ist so aufgebaut: Ich *(Sender)* kommuniziere *(Inhalt* der Botschaft) mit dir *(Empfänger)* in dieser Situation *(Kontext)*. Die Botschaft ist unverständlich, wenn der Sender eines dieser Elemente disqualifiziert, d. h., ausschließt. So kann ein Ehemann sich als Sender selbst ausschließen, wenn er zu seiner Frau sagt: „Man hat mir gesagt, du bist unordentlich" – denn dann spricht nicht er, sondern die anderen. Der Empfänger wird mit Äußerungen wie dieser disqualifiziert: „Ich sage das nicht zu dir, sondern zu der Frau, die du sein müsstest, um mir zu gefallen." Der Kontext wird ausgeschlossen, wenn man andeutet, dass das Gesagte sich auf eine andere als die aktuelle Situation bezieht: „Ich sage dir das so, als ob deine Mutter dabei wäre." Den Inhalt der Botschaft kann man dadurch ausschließen, dass man zum Beispiel unverständliche Sätze vor sich hinmurmelt, um klar zu machen, dass die gemurmelten Worte keine richtige Botschaft sind, gleichzeitig jedoch einzelne, besonders wichtige Phrasen deutlich ausspricht, etwa: „Immer das Gleiche mit dir!" oder „An alles muss ich denken!", um auch diejenige Botschaft zu auszuschließen, laut der die gemurmelte Botschaft in Wirklichkeit gar keine ist.

Abgesehen von der Disqualifizierung des Inhalts, des Kontexts, des Empfängers oder des Senders selbst durch den Sender können Kommunikationsstörungen auch durch Unstimmigkeiten zwischen den verschiedenen Elementen der Botschaft verursacht werden, zum Beispiel zwischen dem Inhalt der Botschaft und dem Kontext, wenn eine Ehefrau ihren Mann morgens, wenn er zur Arbeit geht, mit der gleichen Eindringlichkeit und den gleichen Gesten verabschiedet, wie wenn sie am Bahnhof wären und er zu einer langen Reise aufbräche. In den meisten Fällen ist die Botschaft unklar, weil ein einzelnes Element nicht stimmig ist. Manchmal entsteht diese Unstimmigkeit durch einen einfachen Widerspruch, etwa wenn die Botschaft so konzipiert ist, dass Teile ihres Inhalts im Gegensatz zueinander stehen.

Manchmal ist die Unstimmigkeit jedoch nicht so offensichtlich, weil sie kein Widerspruch im Sinne der aristotelischen
Logik ist, sondern sich auf mehreren miteinander unverein-
baren logischen Ebenen, das heißt nicht direkt, entwickelt.
Sie kann zum Beispiel in einer paradoxen Definition des anderen bestehen: Man behauptet, dass der andere ein bestimmter Typ von Mensch ist, und deutet gleichzeitig an,
dass er nicht der Typ von Mensch ist, als den man ihn gese-

hen hat. In diesem Fall hat der Empfänger die Qual der Wahl, welcher der verschiedenen Ebenen der Botschaft er Glauben schenken soll.

In besonders komplizierten Varianten ist die Botschaft so aufgebaut, dass der Sender sich auf eine bestimmte Weise darstellt und gleichzeitig zugibt, nicht so zu sein: Er will ein positives Bild von sich zeichnen und macht sich implizit

schlecht, um gegensätzliche Merkmale seiner Persönlichkeit unter einen Hut zu bringen.

Damit dieses Knäuel entwirrt werden kann, muss die Stimmung in der Familie so sein, dass jeder den anderen um die Erläuterung einer Botschaft bitten kann. Der einzige Ausweg aus der Zwickmühle ist zu sagen: „Entschuldige, Schatz, wenn du nervös bist, sobald du entspannt bist, kann ich dann auch damit rechnen, dass du entspannt bist, sobald du nervös bist?" oder „Liebling, ich habe nicht verstanden, ob ich nun klug oder dumm bin".

Wer eine Botschaft erhält, muss also, um sie richtig zu verstehen, in der Lage sein, alle Aspekte der Botschaft zu entschlüsseln, wobei er immer den Zusammenhang des Geschehens berücksichtigen muss, da man eine Botschaft häufig nur in ihrem Kontext verstehen kann.

Kommunikation ist ein weites Feld, doch ein Aspekt muss unbedingt noch erwähnt werden. Ein Großteil der *Botschaften* – mit Ausnahme der *neutralen,* in denen es um Belanglosigkeiten geht – hat nicht nur die Funktion, einen Inhalt *(Information)* zu übermitteln, sondern richtet außerdem eine Aufforderung *(Appell)* an den anderen. Dieser zweite Aspekt der Kommunikation bestimmt letztendlich, ob die Beziehung zwischen zwei Menschen symmetrisch oder komplementär ist, und er ist umso wichtiger, je instabiler die Beziehung ist. Paarkrisen liefern jede Menge Beispiele für Situationen, in denen die tatsächlich übermittelte Information weniger wichtiger ist als der darin enthaltene Appell. Bisweilen ist die Aufforderung unmissverständlich: „Hol mir was zu trinken!", „Geh mit mir ins Kino!", „Hör mir zu!". Viel häufiger ist sie jedoch widersinnig formuliert und somit schwerer zu erkennen und zu befolgen.

So informiert der Satz „Heute geht es mir nicht gut" nicht nur über einen körperlichen und seelischen Zustand, sondern beinhaltet gleichzeitig eine Bitte, etwa: „Tu was dagegen!", „Mach, dass es mir wieder gut geht!" oder „Lass mich nicht allein!". Uneinigkeit zwischen den Partnern kann sowohl auf der Informationsebene als auch auf der Appellebene herrschen: Eine Frau kann zum Beispiel (und damit kommen wir auf die Regeln und Metaregeln zurück) damit einverstanden sein, dass die Wohnung besser in

Schuss gehalten werden muss, aber nicht damit, dass ihr Mann sie darauf hinweist. Beim Kommunizieren sollte man immer klar machen, was man eigentlich verlangt, das heißt, man sollte diesen Aspekt der Botschaft explizit formulieren („Ich fordere dich hiermit auf, das und das zu tun"), damit der andere nicht auf Vermutungen angewiesen ist.

Der mit der Botschaft ausgesprochene Appell impliziert immer Aussagen à la „So sehe ich mich", „So sehe ich dich", „So denke ich, dass du mich siehst". Mit jeder Botschaft fordert man im Grunde den anderen auf, einen selbst zu bestätigen. Der Empfänger hat drei Möglichkeiten:

1) Er *bestätigt* die Definition, die der Sender von sich selbst in Beziehung zu ihm gegeben hat, indem er sagt oder zu verstehen gibt „Okay, ich höre dir zu" oder lächelt, um zu zeigen, dass er sich mit dem Sender auf einer Wellenlänge befindet; diese Reaktion ist typisch für die symmetrische Beziehung.
2) Er *verwirft* sie: „Ich werde dir gar nichts holen."
3) Er disqualifiziert den anderen oder zieht die Bestätigung zurück und spricht dem anderen damit seinen Wert als Person ab: „Wie kannst du Fisch mögen?!", „Wer bist du überhaupt, dass du mir so eine Frage stellst?!". Diese Reaktion ist typisch für die komplementäre Beziehung, in der die Partner keine Einigung erreichen, es aber nicht ertragen können, sich uneinig zu sein.

Sagt daher ein Mann zu seiner Frau, die ihm gerade schnippisch geantwortet hat: „Komm her, Dickkopf!", und sie lächeln einander an, dann sendet er ihr die Botschaft: „So sehe ich mich" (als ein Mensch, der verzeihen kann), sie erklärt ihm: „So sehe ich dich" (eigentlich bist du ja ein lieber

Kerl), er ihr: „So denke ich, dass du mich siehst" (als einen guten Ehemann), sie ihm: „So denke ich, dass du denkst, dass ich dich sehe" (als einen begehrenswerten Mann) und so weiter (vgl. Laing 1973, S. 103 ff.).

Es ist also offensichtlich, dass die Partner, wenn die Botschaft unstimmig ist oder der Empfänger sie nicht entschlüsseln kann, in einen Teufelskreis geraten, in dem mangelndes Verständnis in Streitigkeiten ausartet, die häufig einen banalen Anlass haben, weil sie sich auf Metabotschaften und Appelle, und nicht auf Inhaltliches beziehen. Zum Beispiel kann es vorkommen, dass, wenn der Mann die Botschaft „Ich sehe mich als einen, der verzeihen kann" sendet, die Frau mit „Ich sehe dich als Weichling" antwortet und der Mann daraus schließt, dass seine Frau ihn nicht versteht und ihn nicht liebt; wenn dagegen der Mann nicht versteht, dass die Botschaft seiner Frau „Ein Weichling" lautet, sondern denkt, dass sie ihn genauso sieht wie er sich, fühlt sich vielleicht die Frau in ihrer Überzeugung bestätigt, dass ein grundsätzliches Missverständnis vorliegt.

Ich spreche von *Beziehungsmissverständnis*, wenn die Meinungen, die beide Partner von sich selbst und vom anderen haben, nicht übereinstimmen. Tatsächlich kommuniziert ein Partner nicht mit dem anderen, so wie dieser sich selbst sieht, sondern so wie er ihn sich vorstellt. Bei der Analyse von Partnerbeziehungen muss man davon ausgehen, dass mindestens acht Personen beteiligt sind, von denen sechs rein virtuell sind: 1) der Mann als tatsächlich existierende Person; 2) die Frau als tatsächlich existierende Person; 3) der Mann, wie er gerne von der Frau gesehen würde; 4) die Frau, wie sie gerne vom Mann gesehen würde; 5) der Mann, wie ihn die Frau wirklich sieht; 6) die Frau, wie sie der Mann wirklich sieht; 7) der Mann, wie er sich selbst sieht; 8) die Frau, wie sie sich selbst sieht.

Zum Beispiel weiß der Mann, der von seiner Frau bestätigt werden will, das heißt so gesehen werden will, wie er sich sieht (lieb), dass die Frau so sein muss, wie er sie sieht, weil sie ihn ja bestätigt. Wenn die Frau ihn bestätigt, indem sie sagt, dass er tatsächlich ein lieber Kerl ist, der verzeihen kann, ist alles kein Problem. Wenn sie ihm jedoch zu verstehen gibt, dass sie nicht mit ihm einer Meinung ist (oder wenn sie ihre Zustimmung schlecht rüberbringt), wird der Mann zu der Auffassung kommen, dass die Frau seine guten Seiten nicht zu schätzen weiß. Die Frau denkt daraufhin womöglich, dass er nur den Großmütigen spielt, damit sie ihm zu Dank verpflichtet ist. So nimmt ein endloses Spiel seinen Lauf, in das sich auch erfahrene Therapeuten mit hineinziehen lassen.

Im Folgenden gebe ich ein zufällig aufgeschnapptes Gespräch zwischen zwei Ehepartnern wieder und kommentiere es nach dem eben erläuterten Muster.

Der Mann küsst seine Frau und ist zärtlich aufgelegt.

(So sehe ich, Mann, mich, und so möchte ich von meiner Frau gesehen werden.)

MANN: Schatz, hast du mich lieb? (Wie siehst du, Frau, mich?)

FRAU: Klar habe ich dich lieb. (So sehe ich, Frau, dich, Mann.) Das weißt du doch. (Du, Mann, siehst mich genauso, wie ich dich sehe.)

MANN: Ich habe dich auch lieb. (Ich, Mann, sehe dich, Frau, wie du mich siehst.) Aber du meinst, ich kümmere mich nicht genug um dich. (Ich, Mann, sehe, dass du, Frau, mich anders siehst, als ich, Mann, mich selbst und dich sehe.)

FRAU: Das meinst du doch, Schatz, nicht ich. (Ich, Frau, sehe mich selbst anders, als du, Mann, mich, Frau, siehst.)

MANN: Ach, komm, jetzt tu nicht so. (Ich, Mann, sehe dich, Frau, anders, als du von mir gesehen werden willst.) Du meinst, ich kümmere mich nicht genug um dich. (Ich, Mann, sehe dich, Frau, anders, als ich, Mann, mich selbst und dich sehe.)

FRAU: Ich bin ehrlich zu dir. (So sehe ich, Frau, mich selbst.) Und du reagierst auf diese Ehrlichkeit, indem du immer alles falsch verstehst. (Ich, Frau, sehe, dass du, Mann, mich anders siehst, als ich mich selbst und dich sehe.)

NB: Am Ende des Gesprächs, das so liebevoll begann, lagen sich die Partner in den Haaren.

Bei vielen Paarkonflikten muss man, um ihre tiefere Bedeutung zu erfassen, außer dem Gegenstand der Auseinandersetzung Folgendes berücksichtigen:

Die Einstellung des Mannes ...

| zum Mann | „Ich liebe dich, |
| zur Frau | du fühlst dich vernachlässigt." |

Die Einstellung der Frau ...

| zur Frau | „Ich fühle mich geliebt, |
| zum Mann | du liebst mich." |

Die Einstellung des Mannes zur Einstellung der Frau ...

| zum Mann | „Du täuschst dich, wenn du denkst, dass ich dich nicht liebe, |
| zur Frau | weil du dich vernachlässigt fühlst." |

Die Einstellung der Frau zur Einstellung des Mannes ...

| zum Mann | „Du täuschst dich, wenn du denkst, dass ich in der Meinung, du liebtest mich nicht, |
| zur Frau | mich vernachlässigt fühle." |

Die Einstellung des Mannes zur Einstellung der Frau zur eigenen Einstellung (des Mannes) …

zum Mann	„Du täuschst dich, wenn du denkst, dass ich mich täusche, wenn ich glaube, dass du in der Meinung, ich liebte dich nicht,
zur Frau	dich vernachlässigt fühlst."

Die Einstellung der Frau zur Einstellung des Mannes zur eigenen Einstellung (der Frau) …

zum Mann	„Du täuschst dich, wenn du denkst, dass ich dir verheimliche, dass ich in der Meinung, du liebtest mich nicht,
zur Frau	mich vernachlässigt fühle."

Wie man sich gegenseitig sieht, hat mit der Selbst- und Fremdwahrnehmung innerhalb der Beziehung zu tun, und der appellative Aspekt der Kommunikation steht insofern im direkten Zusammenhang damit, als die an den Gesprächspartner gerichtete Aufforderung davon abhängt, wie man ihn sieht und wie man denkt, dass er einen sieht. Der Wunsch nach Selbstbestätigung wird aus verschiedenen Gründen häufig verschleiert. Betrachten wir anhand eines Beispiels, wie dies zu Verwicklungen in der Partnerbeziehung führen kann. Nehmen wir also an, dass, wie es bei einem von mir therapierten Paar der Fall war, die Frau die Berge mag und der Mann das Meer und dass das Wochenende naht. Wenn die Frau, die das Gespräch auf das Wochenende bringt, stimmige und vollständige Botschaften senden wollte, müsste sie sagen: „Schatz, am Wochenende würde ich gerne in die Berge fahren." Wenn der Mann antworten würde: „Liebling, du weißt doch, dass ich lieber ans Meer fahre", stünden der Frau verschiedene Kommunikationswege offen. Sie könnte versuchen, ihn auf liebevolle Art zu überreden: „Ach, bitte, erfüll mir diesen Wunsch!" Oder sie könnte sagen: „Machen wir es doch so: Ich fahre in die Berge, und du fährst ans Meer."

In diesem Fall laufen die Entscheidungsprozesse reibungslos ab, weil jeder seine Wünsche deutlich äußert und versucht, sie mit denen des anderen abzustimmen, auch wenn das, wie in der letzten Variante, zu einer vorübergehenden Trennung führt. Wenn hingegen die Kommunikationsfähigkeit der Frau gestört ist, verschleiert sie vielleicht zunächst ihren Wunsch, in die Berge zu fahren, mit verschiedenen Taktiken, zum Beispiel indem sie ihrem Mann (von dem sie weiß, dass er das Meer lieber mag als die Berge) mit ernster Stimme den Wunsch oder das Bedürfnis, in die Berge zu fahren, unterstellt: „Du würdest gerne in die Berge fahren, oder?", „Wenn du in die Berge fahren möchtest, dann machen wir das", „Ein paar Tage in den Bergen würden dir gut tun", „Schatz, mit deinen angespannten Nerven brauchst du unbedingt ein bisschen frische Bergluft". Der Mann kann auf unterschiedliche Art und Weise darauf antworten: „Ich habe eigentlich keine Lust dazu, aber wenn du in die Berge fahren willst …", „Ich habe keine Lust dazu, aber ich glaube, du würdest gerne", „Ich hatte es nicht vor, aber wenn du gerne willst, lass uns doch in die Berge fahren". Die Frau, die den appellativen Aspekt ihrer Botschaft weiterhin vertuscht, entgegnet ihrerseits: „Meinetwegen können wir fahren, wir können es aber auch bleiben lassen, du weißt ja, dass ich mit allem einverstanden bin" oder „Wenn du auch dieses Wochenende zu Hause verbringen willst, dann machen wir das" oder „Niemand verlangt von dir, in die Berge zu fahren. Wenn du willst, fahren wir, wenn nicht, dann nicht".

Nehmen wir nun an, der Mann hätte klipp und klar gesagt: „Du weißt genau, dass ich die Berge nicht mag, ich würde lieber ans Meer fahren." Die kommunikativ gestörte Frau wird daraufhin verschiedene Kniffe anwenden und zum Beispiel die Entscheidung über das Reiseziel auf Montag verschieben, wenn es zu spät ist („Ach, wir werden sehen, ich habe jetzt keine Lust auf Diskussionen"), ihrem Mann drohen und ihn erpressen („Wir bleiben hier und damit basta, schließlich bestimmst hier immer noch du"), sich auf Marktschreiertricks verlegen („Aber Schatz, in den Bergen ist die Luft viel besser als am Meer"), ihn locken („Es wird wieder wie in den Flitterwochen") oder sich disqualifizierend äußern: „Wie kannst du nur das Meer mögen?!", „Du magst das Meer nur, weil ich die Berge mag!".

Der Leser wird vielleicht schon schmunzeln, weil er in diesen Dialogen seinen Partner wiedererkennt, doch Vorsicht: Wie bereits erwähnt, ist die Kommunikation nie nur einseitig gestört, denn in einem System ist jede Mitteilung die Reaktion auf eine Mitteilung des anderen, das heißt, beide Partner tragen zur Kommunikation gleichermaßen bei.

Die in einer Botschaft enthaltene Aufforderung wird deshalb so oft verschleiert, weil das Bedürfnis nach Selbstbestätigung so groß ist, dass man es nicht zugeben will. Im Grunde verlangte jene Frau einen Liebesbeweis von ihrem Mann: Sie wollte ihn dazu bringen, dass er in die Berge fährt, obwohl er das Meer lieber mag, forderte ihn also implizit dazu auf, mit Vergnügen in die Berge zu fahren. Gefühle kann man jedoch nicht einfordern, weil sie spontaner Natur sind. Man kann daher seinen Partner zwar dazu zwingen, in die Berge zu fahren oder Sex zu haben, aber das wird immer nur ein Scheinerfolg sein, weil man seinen Partner nämlich nicht dazu zwingen kann, *mit Vergnügen* in die Berge zu fahren oder Sex zu haben.

Damit kommen wir zum großen Dilemma der Beziehung zwischen Mann und Frau. Wir haben nicht alle die gleichen Gefühle und die gleichen Wünsche im gleichen Moment – eigentlich ist es schon ein ganz schöner Zufall, wenn zwei Menschen sich gleichzeitig ineinander verlieben. Obwohl sie unterschiedliche Wünsche haben, sind Menschen, vor allem wenn sie verliebt sind, voneinander abhängig, das heißt, sie brauchen einander, um sich bestätigt zu fühlen; durch das, was der andere einem gibt, erfüllt man sich seine Wünsche und wird glücklich.

Lieben heißt geliebt werden wollen und wollen, dass der andere will, dass man ihn liebt. Doch wie kann man Gefühle einfordern, wenn sie nicht eingefordert werden können, weil sie von Natur aus spontan entstehen und allein durch die Tatsache, dass sie eingefordert werden, an Glaubwürdigkeit verlieren, das heißt nicht mehr das sind, was sie sein sollen? Zu allem Überfluss – und das ist das Tragische – ist es genau das, was wir wollen. Wenn ich darüber nachdenke, wird mir klar, dass, vor allem wenn ich schlecht gelaunt bin, fast in jeder Botschaft an die Frau, die ich liebe, diese absurden, paradoxen Appelle mitschwingen: „Du sollst mich lieben!", „Du sollst wollen, dass ich dich liebe!". Bei näherer Betrachtung scheint es, als ob irgendetwas an der Liebe einen dazu zwingt, das zu fordern, was einem nur spontan gewährt werden kann, mit der Folge, dass die Forderung als solche die Freiwilligkeit der eventuellen Gewährung von Gefühlen zunichte macht. Bedenkt man dann, dass diese inneren Vorgänge beiden Partnern gemeinsam sind, kann man sich leicht vorstellen, wie zwei Menschen sich in einem komplizierten, von ihnen selbst geknüpften Beziehungsnetz so verheddern, dass sie schließlich keine Luft mehr kriegen.

Dieses wechselnde Bedürfnis nach Selbstbestimmtheit und Abhängigkeit hat weitere unangenehme Folgen. Die Beziehung zwischen Mann und Frau kann auch aus der Perspektive des Gebens und Nehmens betrachtet werden: Um etwas (Befriedigung, Liebe) zu erlangen, sind manche Menschen bereit, etwas (Beistand, Zuneigung) zu gewähren, weil die sich daraus ergebende Abhängigkeit nur Mittel zum Zweck ist. Sobald der andere jedoch zu geben beginnt, oder, besser gesagt, damit reagiert, dass er alles gibt, was sein Partner von ihm verlangt, merkt dieser, dass seine Abhängigkeit immer stärker wird, dass seine Selbstbestimmtheit leidet, und streicht die Segel, indem er dem anderen seine Aufmerksamkeit völlig entzieht. Vielleicht sagt man deshalb, dass die Ehe das Grab der Liebe ist.

8 Manöver, Strategien und Gegenstrategien im partnerschaftlichen Guerillakrieg

Wie bereits angedeutet, sind manche ausgesprochenen oder unausgesprochenen Botschaften neutral (zum Beispiel der Smalltalk mit einem Unbekannten über das Wetter); viele zielen hingegen darauf ab, die Beziehung zwischen den Gesprächspartnern als symmetrisch oder komplementär zu definieren. Botschaften, mit denen die Beziehung definiert werden soll, heißen *Kommunikationsmanöver* und beinhalten Aufforderungen, Befehle, Vorschläge, Anweisungen und Ähnliches an die Adresse des anderen (vgl. Haley 1987).

Kommunikationsmanöver sind ein häufiges Phänomen zwischen Menschen, die aus irgendeinem Grund ihre Beziehung definieren müssen, vor allem wenn diese Beziehung unbeständig und wechselhaft ist. Es versteht sich von selbst, dass Kommunikationsmanöver zwischen einem General und einem Soldat auf ein Mindestmaß beschränkt bleiben, während sie zwischen Beziehungspartnern an der Tagesordnung sind, besonders heutzutage, wo die Rollen von Mann und Frau nicht mehr so festgelegt sind wie früher. Ein Manöver, mit dem die Beziehung durch die Übermittlung der Aussagen „Ich bin der Übergeordnete" und „Du bist der Untergeordnete" als komplementär definiert werden soll, wird, wie jede Form von Kommunikation, entweder verbal oder nonverbal vollzogen. Der Sender kann sich je nach Situation für ein explizites oder ein implizites Manöver entscheiden.

Die Taktiken sind vielfältig. Manche Menschen spezialisieren sich darauf, dem anderen böse Absichten zu unterstellen, zum Beispiel: „Wer hat meine Hose versteckt?"; manche neigen zur Spitzfindigkeit: „Ja, ich hatte dir gesagt, du sollst deine Mutter anrufen, aber ich hatte nicht gesagt, dass du sie heute anrufen sollst." Eine – gewiss nicht aus biologischen, sondern aus sozialen Gründen, auf die an dieser Stelle nicht näher eingegangen werden kann – von Frauen bevorzugte Taktik ist das Weinen, wobei jede ihren eigenen Stil hat: Die eine schluchzt, die andere weint lautlos, die Dritte wimmert vor sich hin. Wer weint (und wenn ein Mann weint, ist das, vor allem wenn er es nicht oft tut, besonders wirksam), „beweist", wie böse der andere und wie verletzlich er selbst ist, und fordert den anderen auf, mit einem bestimmten Verhalten aufzuhören, weil er sonst weiter weint (vgl. Wahlroos 1980).

Wenn der Sender eine solche Botschaft übermittelt, kann der Empfänger die Definition, die der andere von der Beziehung zwischen beiden gegeben hat, akzeptieren oder er kann ein *Gegenmanöver* ausführen, um die Beziehung in anderer Weise zu definieren, etwa als symmetrisch statt als komplementär, zum Beispiel: „Wenn du das Recht hast, mir das zu sagen, dann habe auch ich das Recht, dir das zu sagen" oder „Ich mag ja dumm sein, aber was glaubst du, was du bist, Einstein vielleicht?!". Will also der Empfänger die Definition des anderen nicht akzeptieren, etwa wenn dieser die Beziehung als komplementär hinstellt und ihm dabei eine untergeordnete Position zuweist, so gibt er eine Antwort, mit der er klar macht, dass er nicht untergeordnet, sondern gleichberechtigt ist.

In einer Partnerbeziehung jagt normalerweise ein Manöver das andere – eben weil, wie schon gesagt, die Beziehung infolge ihrer Wandelbarkeit ständig neu definiert werden muss. Anscheinend geht es beim kommunikativen Schlagabtausch im „Match" zwischen den Partnern meist darum, gegen den anderen zu punkten, um ihm dann in einem geeigneten Moment die Rechnung zu präsentieren. Oft führt einer der Partner, um die Oberhand über den anderen zu gewinnen, nicht nur ein einzelnes Manöver, sondern eine ganze Reihe von Manövern durch, die ich, wenn sie regelmäßig angewandt werden, *Strategien* nenne: die klassischen Waffen im Beziehungsduell um die Macht. Durch sie versucht ein Partner mit unlauteren Mitteln eine für ihn selbst günstige und für den anderen Partner ungünstige Situation zu schaffen, wobei sein Hauptziel darin besteht, die Kontrolle über die Gefühle und das Verhalten des anderen zu erlangen. Ein geschickter Stratege kann sogar erreichen, dass der andere ihm auch dann Recht gibt, wenn er gar nicht seiner Meinung ist.

Die Strategie wird mit logischen Tricks oder mit einer regelrechten Inszenierung umgesetzt. Verstehen wir uns recht: Uns allen ist klar, dass wir eigentlich immer eine Rolle spielen; wir alle wissen, dass eine bestimmte Haltung, ein bestimmter Gesichtsausdruck, sei er nun ärgerlich, traurig oder glücklich, keine rein mechanische Reaktion auf die äußeren Umstände ist, sondern vor allem die jeweilige Gefühlslage definiert (lacht man, weil man froh ist, oder ist man froh, weil man lacht?): Bis man sich dessen bewusst wird, erlebt man den Ärger, die Trauer, das Glück nicht nur, sondern spielt gleichzeitig auch, eventuell nur für sich selbst (dann jedoch vor einem imaginären Publikum), die Rolle eines ärgerlichen, traurigen oder glücklichen Menschen.

Strategien sind jedoch insofern unlauter (das heißt, auch Manöver sind unlauter), als sie von der – manchmal unbestimmten – Absicht getragen sind, die eigene Macht gegen den anderen auszuspielen, denn „Er muss in seine Schranken verwiesen werden", „Er muss kapieren, mit wem er es zu tun hat". Im Folgenden liste ich einige typische Strategien auf und erläutere mögliche Gegenstrategien.

1. Desorientierungsstrategien

Manche Menschen wenden zur Manipulation ihres Gegenübers logische Tricks an, die durch Paradoxie gekennzeichnet sind (zu dieser Art von Strategien vgl. Watzlawick, Beavin u. Jackson 2000, S. 171 ff.). Dabei handelt es sich nicht um einen echten Widerspruch, sondern um eine Selbstkontradiktion, das heißt, es widersprechen sich nicht zwei Elemente der Botschaft, sondern der Kern der Botschaft ist in sich widersprüchlich.

Solche Strategien haben gewöhnlich das Ziel, den anderen handlungsunfähig zu machen: Er ertrinkt förmlich im Strudel der an ihn gerichteten in sich widersprüchlichen Botschaften.

Es gibt verschiedene Strategien, um den anderen zu desorientieren. Eine davon ist die der *paradoxen Definition*. Wir haben schon einige Beispiele erwähnt, bei denen jemand durch die Art und Weise, wie er sich oder andere definiert, seine eigene Aussage widerlegt. Die eklatanteste Form der paradoxen Definition ist, wenn jemand sagt: „Ich lüge." Diese Aussage ist wahr, wenn sie falsch ist, und falsch, wenn sie wahr ist (Antinomie), das heißt, der Sprecher lügt nur, wenn er die Wahrheit sagt, und sagt umgekehrt nur die Wahrheit, wenn er lügt. Diese Strategie ist gar nicht so selten, wie man annehmen möchte.

Eine im Hinblick auf die Paradoxie ähnliche Verhaltensweise legt jemand an den Tag, der sagt: „Ich mache immer nur Spaß", sich beschwert, dass man ihn nicht ernst nimmt, wenn es ihm in den Kram passt, und, sobald man ihn zu ernst nimmt, sagt: „Ich habe doch nur Spaß gemacht!" Das Gleiche gilt für „Ich mache alles falsch".

Zu dieser Art von Strategie gehört es auch, *paradoxe Handlungsaufforderungen* auszusprechen: Bitten und Anordnungen, die nicht erfüllt werden können, weil sie in dem Moment, in dem sie erfüllt werden, eben gerade nicht mehr erfüllt werden können. Ein Beispiel: Ein Ehepaar ist auf dem Weg zu einer befreundeten Familie. Sie sagt zu ihm: „Bitte, Schatz, versuch doch heute mal bei den Schmitts mal spontan zu sein. Sei du selbst und nicht so verklemmt wie sonst immer!" Ihm passiert jedoch bei den Schmitts eine Peinlichkeit nach der anderen, er stolpert über den Teppich, stößt sein Glas um und so weiter. Es ist klar, warum: Niemand kann auf Befehl spontan sein; spontanes Verhalten hört auf, spontan zu sein, sobald man sich dazu zwingt. Oder sagen Sie doch einmal zu jemandem, der gemütlich in einem Sessel lungert: „Sie finden es da wohl gemütlich, bleiben Sie ruhig so sitzen!" Von da an ist es mit seiner Gemütlichkeit vorbei, er wird auf dem Sessel nicht mehr bequem sitzen.

Paradoxe Handlungsaufforderungen à la „Sei spontan!" nutzen sich in einer Beziehung ab, doch ein gewiefter Stratege weiß sie zu dosieren, weil er merkt (ohne es sich bewusst zu machen), dass sie den Gegner mit sofortiger Wirkung blockieren und ihn so in eine unhaltbare Lage bringen. Dazu einige Beispiele: „Du musst mich lieben!", sagt ein Mann zu seiner Frau; doch wie soll sie ihn auf Befehl lieben, wenn Liebe ein Gefühl und als solches spontan ist und nicht erzwungen werden kann? Weil dem so ist, kann der Stratege angesichts der Zärtlichkeiten seiner Partnerin sagen: „Du bist nicht lieb zu mir, weil du mich gern hast, sondern nur weil ich dir gesagt habe, du sollst lieb zu mir sein!", und seine Frau, die nur ein bisschen zärtlich sein wollte, damit jeglicher Glaubwürdigkeit berauben. Vom gleichen Kaliber sind Aufforderungen wie „Hasilein, du musst dir angewöhnen, Western zu mögen!" oder „Liebster, du bist mir zu lasch, ich will, dass du dominant bist!", wo doch der Mann nie dominant sein kann, wenn die zu Dominierende es von ihm verlangt, sondern immer ein Weichei im Macho-Pelz bleiben wird, oder „Ich will, dass du in der

Familie das Sagen hast!", „Ich will, dass du dich als der Wichtigere von uns beiden fühlst!" oder, noch schlimmer, „Ich will, dass du selbstständig wirst!".

In diesen Fällen versucht ein Partner, dem anderen Gefühle und Einstellungen aufzuzwingen, die ihn dazu veranlassen, etwas sein oder tun zu wollen, was zu sein oder zu tun in Wirklichkeit der andere von ihm verlangt; gleichzeitig wird er genötigt zu denken, sein eigener, nicht ein fremder Wille bestimme, wie er ist und was er tut. Dieser Aktion geht eine Reihe von Manövern voraus, die darauf abzielen, die Gefühle des anderen für unecht zu erklären: „Du, der du glaubst, mich zu lieben", „Das ist nicht deine Art", „Wie kannst du so etwas denken?!", „Das bildest du dir ein!", als ob ein anderer über die Echtheit unserer Gefühle urteilen könnte.

Manchmal ist die paradoxe Handlungsaufforderung ein Befehl zum Ungehorsam: „Du darfst mir gegenüber nicht immer so nachgiebig sein!" oder „Mach doch, was du willst!". Die Äußerung „Gehorche mir nicht!" konfrontiert den Empfänger mit einer Reihe von Botschaften, die weder befolgt noch nicht befolgt werden können: Wenn er gehorcht, gehorcht er nicht; wenn er nicht gehorcht, gehorcht er. Die Aufforderung „Gehorche mir nicht!" impliziert eine Bewertung ihrer selbst, die einerseits mit „Befolge meine Anordnungen nicht!" und andererseits mit „Befolge meine Anordnungen nicht, die dich anweisen, meine Anordnungen nicht zu befolgen!" übersetzt werden kann. Das Manöver „Mach doch, was du willst, ich habe dich ja gewarnt" bietet dem Strategen den Vorteil, dass er in keinem Fall Unrecht hat. Bisweilen ist die „Gehorche-mir-nicht"-Strategie so ausgetüftelt, dass der Empfänger nie weiß, welcher der verschiedenen an ihn gerichteten Aufforderungen er nachkommen und welcher er nicht nachkommen soll.

Noch ein Beispiel: Ein Mann sagt im Bett zu seiner Frau, während er sie streichelt: „Wenn du keine Lust hast, mit mir zu schlafen, ignorier mich einfach!" Sein Streicheln kann unmöglich unbemerkt bleiben; weil sie es bemerkt, kann sie es nicht ignorieren; sie kann der Aufforderung, es zu ignorieren, nicht nachkommen, ohne es zu beachten; wenn sie es jedoch beachtet, kann sie es natürlich nicht ignorieren.

Im Hinblick auf die Definition der Beziehung kann die Paradoxie dieser Aufforderungen so erläutert werden: Der strategisch vorgehende Partner schafft eine komplementäre Situation, weist also dem anderen eine untergeordnete Position zu und verlangt gleichzeitig, dass dieser sich so verhält, als ob er sich in einer symmetrischen, das heißt gleichberechtigten, Situation befände. Mit diesen Manövern verlangt demnach ein Partner vom anderen, dass er eine symmetrische Position einnimmt. Dadurch, dass er es verlangt, versetzt er ihn jedoch in eine komplementäre Situation, das heißt in die Position des Untergeordneten – und beide Forderungen kann der andere schlechterdings nicht erfüllen. Wenn eine Frau zu ihrem Mann sagt: „Du musst dein Bett selbst frisch beziehen", fordert sie Gleichberechtigung (symmetrische Beziehung), doch indem sie dies fordert, drängt sie ihren Mann in eine untergeordnete Position (komplementäre Beziehung). Willigt der Mann ein, sein Bett zu beziehen, findet er sich in einer erzwungenermaßen gleichberechtigten Situation wieder; um nicht als untergeordneter Gleichberechtigter zu enden, wird er sich also weigern. Streitigkeiten entzünden sich an so banalen Themen, weil es nicht um die Regeln, sondern um die Metaregeln geht, das heißt darum, wer das Recht hat, dem anderen zu sagen, was er tun soll.

In der heutigen Zeit sind Paradoxien in der Definition der Beziehung zum Teil auf die im Wandel begriffene Rolle der Frau zurückzuführen. Einerseits fordern Frauen legitimerweise die Gleichberechtigung zwischen Mann und Frau und definieren die Beziehung folglich als symmetrisch. Andererseits sind viele noch einer traditionelleren Sichtweise verhaftet und erwarten, dass der Mann für sie sorgt, sie beschützt und sich wie ein Kavalier verhält: in einer komplementären Situation, in der die Vertreterinnen des schönen

Geschlechts sich in vielerlei Hinsicht als die Übergeordneten betrachten.

Wenn diese paradoxen Definitionen der Beziehung auch auf das Sexualleben übergreifen, münden sie in *Strategien, die auf Frigidität und/oder Impotenz abzielen.* Sex dient dann nicht mehr dem Lustgewinn, sondern dazu, dem anderen ein Bein zu stellen. Es ist unmöglich, hier alle Strategien einzeln aufzuführen, weil auch in diesem Bereich der menschlichen Fantasie keine Grenzen gesetzt sind.

Ich konnte des Öfteren beobachten, wie Frauen und Männer, die vor der Ehe in sexueller Hinsicht normal waren, im Extremfall wegen Frigidität beziehungsweise Impotenz nicht mehr zum Beischlaf mit ihrem Partner fähig waren oder ihn systematisch umgingen, etwa indem sie Kopf- oder Bauchschmerzen, Schwindel, Angst vor einem Herzinfarkt etc. vorschützten. Der Grund dafür ist häufig eine unhaltbare Beziehungskonstellation zwischen den Partnern.

So möchten manche Männer, dass ihre Partnerin sich in puncto Sex nicht passiv verhält, sondern ab und zu die Initiative ergreift, um die Angelegenheit etwas aufregender und reizvoller zu gestalten (sie fordern also eine symmetrische Beziehung); wenn die Frau diese Wünsche erfüllt und sexuell aktiv wird, reagiert der Mann verärgert und ablehnend (er besteht folglich auf einer komplementären Beziehung, in der die Frau untergeordnet ist), weil er seine „Vormachtstellung" bedroht sieht, und bestätigt damit die absurde Regel, dass die Frau beim Sex mitmachen muss, ihn jedoch nicht selbst initiieren darf. Manche Frauen verlegen sich ihrerseits darauf, ihren Mann zu erregen, indem sie sich auf verschiedene Weise sexuell aufreizend verhalten; wenn dieser so reagiert, wie seine Natur es ihm befiehlt, weisen sie ihn ab und beschimpfen ihn als Perversling, der nur das Eine will und keine Ahnung von wahrer Liebe hat.

Wenn eine solche Strategie systematisch und ohne Pardon angewendet wird und das „Opfer" nicht oder erfolglos versucht, sich anderweitig abzureagieren, kann es sein, dass diese Person schließlich zum Bedauern ihres Partners das Interesse am Sex verliert oder impotent beziehungsweise frigide wird.

Wird jemand in einer sexuellen Beziehung aufgefordert, etwas zu tun, und, wenn er es dann tut, gebeten, es nicht zu tun, besteht eine mögliche Reaktion darin, sich so zu verhalten, als sei er nicht fähig, die betreffende Handlung auszuführen, so dass ihm weder vorgeworfen werden kann, dass er sie ausgeführt hat, noch, dass er sie nicht ausgeführt hat. Viele Krankheitssymptome, die öfter bei einem der Partner nach der Ehe auftreten, können so erklärt werden (vgl. Haley 1987, S. 11 ff.). Der „Kranke" versucht auf diese Weise, die komplementäre Beziehung aufrechtzuerhalten, in der er insofern der Übergeordnete ist, als der andere gezwungen ist, sich um ihn zu kümmern. Die Krankheit hat den Vorteil, dass beide Partner sie als Ursache ihrer mangelnden Anpassung ansehen können. Die klinische Erfahrung zeigt jedoch, dass mit dem Abklingen der Symptome selten eine Verbesserung der Situation zwischen den Partnern einhergeht, weil die Krankheit nur eine der möglichen Ausdrucksformen von Beziehungsproblemen ist.

Um Strategien, die auf Frigidität und/oder Impotenz abzielen, zu vereiteln, müsste der Partner das vom anderen geforderte Verhalten, von dem er weiß, dass es auf Ablehnung stoßen wird, (scheinbar naiv) auf die Spitze treiben und so tun, als merke er nicht, dass das Spiel mit dem Sex für den anderen nur ein Köder ist. Dies ist eine *Gegenstrategie*. So könnte zum Beispiel die Frau des Mannes, der sich erst mehr Initiative von ihr wünscht und sie dann auflaufen lässt, sich an einem Abend zu einer Prostituierten aufbretzeln, wie sie im Buche steht, die Handtasche kreisen lassen und mit rauchiger Stimme fragen: „Na, Süßer, wie wär's mit uns beiden?" Oder der Mann, dessen Frau wie zufällig nackt in der Wohnung herumläuft, ihre schwarzen Seidenstrümpfe am Bein auf- und abrollt und vergessen hat, einen BH anzuziehen, obwohl sie eine sehr, sehr durchsichtige Bluse trägt, könnte zu sabbern beginnen und wie ein brunftiger Hirsch röhren: „Sex, Sex, ich will Sex!"

Mit Desorientierungsstrategien zielt man allgemein darauf ab, die Kontrolle über den anderen an sich zu reißen, indem man ihn in eine völlig absurde Lage bringt, in der er alles falsch macht und dafür kritisiert werden kann. Diese Art von Strategien auszuhebeln, ist jedoch ein schwieriges Unterfangen, weil sie so raffiniert sind, dass selbst ich mir bei der Paartherapie bisweilen mehrere Male die Videoaufzeichnung des Gesprächs zwischen den Partnern ansehen muss, um herauszufinden, welche Strategie ein Partner gegen den anderen anwendet und wie man ihr entgegenwirken könnte. Dass eine Strategie dieses Typs vorliegt, merke ich für gewöhnlich daran, dass der Partner, der diese gewisse Art von Botschaften empfängt, sich ohne ersichtlichen Grund in einer unhaltbaren Lage, eingeschnürt, gelähmt, versteinert fühlt. Das Erste, was man für den Partner tun kann, den die Botschaften des anderen derart in Bedrängnis stürzen, ist, die Unstimmigkeit dieser Botschaften aufzudecken und sie ihm bewusst zu machen, was angesichts der Raffiniertheit des Strategen und der defensiven Rolle des Opfers nicht einfach ist. Erst nachdem man den Trickbetrüger entlarvt hat, kann man zum Gegenangriff übergehen.

2. Schuldzuweisungsstrategien

Die auf Paradoxien gründenden Strategien sind insofern logische Tricks, als sie den Gegner mit Hilfe völlig logischer Argumente matt setzen. Häufiger ist jedoch eine andere Strategie zu beobachten, bei der ein Partner, um seine geheimen Absichten zu verwirklichen, die Situation zwischen sich und dem anderen verändert, indem er ihm – in einigen seltenen Fällen unverblümt, in der Reinform dieser Strategie indes auf hinterlistige Weise und vorgeblich „zum Besten aller Beteiligten" (doch, wie der große italienische Schriftsteller Manzoni sagt, um Gutes zu tun, muss man wissen, was gut ist) – eine künstliche Wirklichkeit präsentiert. Dabei verfälscht er Tatsachen der inneren oder äußeren Wirklichkeit, um gegen den Partner zu punkten. Der strategisch vorgehende Partner verhält sich also, und sei es nur verbal, in einer Weise, die nicht seiner eigenen psychischen oder der objektiven Realität entspricht, und stellt damit den anderen als Schuldigen oder sich selbst als Opfer hin. Schuldzuweisungsstrategien sind entweder projizierend oder introjizierend.

Die *projizierende Strategie* zielt darauf ab, den anderen für eine unangenehme Situation verantwortlich zu machen. Das Duell kann auf verschiedene Weise ausgetragen werden.

In der klassischen Spielart geht es dem strategisch vorgehenden Partner darum zu „beweisen", dass die unangenehme Situation unter keinen Umständen auf sein eigenes Verhalten zurückgeführt werden kann und somit der andere daran schuld sein muss. Der gewiefte Stratege weiß, dass er, um sein Ziel zu erreichen, a) grundsätzlich von seiner Unschuld ausgehen, b) als Erster Vorwürfe äußern und c) Zeugenaussagen von Verwandten und Freunden zu seinen Gunsten einholen und/oder vorbringen muss. Bisweilen gibt er sich nicht mit Zeugen zufrieden, die für ihn aussagen, sondern will, dass ein Richter entscheidet, wer Recht und wer Unrecht hat. Diese Funktion kann ein Verwandter, ein Freund, ein Geistlicher, ein Psychologe, ein Eheberater, ein Psychiater, ein Rechtsanwalt oder, wenn es ganz offiziell zugehen soll, ein Gericht übernehmen. Wichtig ist, wie gesagt, dass er als Erster losschlägt, jede Verantwortung abstreitet, alle Schuld dem anderen zuweist, die eigene Sichtweise als allgemein gültige Wahrheit hinstellt und über Zeugen verfügt, die ausschließlich seine Version anzuhören und zu beschwören bereit sind (vgl. Mozdzierz a. Lottmann 1973, S. 182).

Eine recht verbreitete Unterart dieser Strategie besteht darin, den Partner dafür verantwortlich zu machen, dass man selbst etwas getan oder nicht getan hat, obwohl man genau weiß, dass man es auch ohne Einmischung des Partners getan oder nicht getan hätte.

Oft drängt der Stratege, um Punkte zu sammeln, seinen Partner dazu, Entscheidungen zu treffen: Sein Vorteil ist, dass er auftrumpfen kann, wenn die Entscheidungen sich als richtig erweisen, sich beklagen kann, wenn sie fehlschlagen, und daher ständig das Damoklesschwert über dem schweben lässt, der die Schuld auf sich geladen hat, Ratschläge zu geben, um die er gebeten wurde.

Die gängigste Gegenstrategie für diese Unterart der Schuldzuweisungsstrategie ist, die Verantwortung für die Entscheidung abzulehnen; auf die Frage des anderen, wie man den Urlaub verbringen solle, antwortet man also: „Du brauchst mich gar nicht erst zu fragen, ob wir ans Meer oder in die Berge fahren sollen, weil du, ganz egal wofür ich mich entscheide, etwas an dem Urlaub auszusetzen haben wirst und mir dann die Schuld daran gibst. Ich möchte lieber ans Meer, das weißt du, aber wir müssen uns gemeinsam auf etwas einigen oder den Zufall entscheiden lassen, weil ich keine Lust habe, mir dann hinterher dein Gejammer anzuhören." Das wirksamste Gegenmanöver für alle Schuldzuweisungsstrategien ist jedoch das Eingestehen der Schuld: „Ich mache doch eh immer alles falsch, entscheide du!" oder „Ich weiß, dass ich keine Ahnung von Kindererziehung habe; es ist besser, wenn du dich darum kümmerst". Da Schuldzuweisungsstrategien gemeinhin eine geringe Selbstachtung des Strategen voraussetzen („Nicht dass ich das, was du kannst, nicht auch könnte, ich kann es sogar besser, aber du lässt mich ja nicht"), kann man ihn meistens milde stimmen, indem man ihm Verantwortung überlässt.

Berne (2000) hat einige solcher Strategien herausgearbeitet und sie so deutlich benannt, dass sie keiner weiteren Erläuterung bedürfen: „Wenn du nicht wärst!", „Sieh bloß, was du angerichtet hast!", „Jetzt hab ich dich endlich, du Schweinehund!", „Ich versuche nur, dir zu helfen". Am

Ende einer Paartherapiesitzung bin ich immer wieder fassungslos, wofür man alles von seinem Partner schuldig gesprochen werden kann.

Etwas anders gelagert ist die *introjizierende Strategie*, mit der ein Partner sich zum Opfer des anderen macht, indem er ihn gegen sich selbst aufhetzt und Ungerechtigkeiten wie Schätze sammelt und hortet. Berne (2002, S. 103 f.) zufolge gebären sich diese Menschen so, als trügen sie ein Schild um den Hals mit der Aufschrift „Bitte, tut mir nichts zuleide!", und wecken damit in ihren Mitmenschen die unwiderstehliche Versuchung, ebendies zu tun, auch wenn es vorher überhaupt nicht ihre Absicht war. Tritt das Unvermeidliche ein, beklagen sie sich mit Äußerungen wie „Warum muss das ausgerechnet immer mir passieren?". In der Psychoanalyse spricht man in diesem Fall von Schicksalsneurose, da die Schicksalsschläge zwar zufällig scheinen, tatsächlich jedoch durch eine Manipulation der Wirklichkeit heraufbeschwört werden: Die betreffende Person will ungerecht behandelt werden, um ihre Schuldgefühle und ihre geringe Selbstachtung zu kompensieren. Dieser Strategietyp ist relativ häufig anzutreffen, weil die Opferrolle Menschen, denen es an Selbstwertgefühl mangelt, die Möglichkeit gibt, sich auf teilweise groteske Art selbst zu bemitleiden. Ihre Aggressivität ist entweder nach außen gerichtet – dann greifen sie zu einer projizierenden Strategie, das heißt, sie geben anderen die Schuld an dem, was ihnen zustößt – oder nach innen gerichtet – dann wenden sie die eben beschriebene Strategie an und sehen sich als Opfer eines Schicksals, das sie zu verfolgen scheint: Sie bezeichnen das als Schicksal, was in Wahrheit das von ihnen manipulierte Verhalten ihres Partners ist, und erreichen so, dass dieser sich schuldig fühlt und sie selbst bemitleidet werden.

Auch in diesem zweiten Fall bietet sich als Gegenstrategie die Entlarvung an: Man verweigert sich der Täterrolle (was das selbst ernannte Opfer meistens ziemlich nervös macht) und versucht zu zeigen, dass im Grunde alles Unrecht von dem Betreffenden selbst herbeigeführt wurde und dass er ihm nur hätte entgehen können, wenn er auf seine provozierende Haltung (zum Beispiel ein Gesicht, das zu sagen scheint: „Bitte, Schatz, schlag mich nicht!") verzichtet hätte.

Doch je gerissener der Stratege ist, desto schwieriger ist es, seinen Manövern beizukommen. Bei einem von mir therapierten Paar hatte der Mann die Angewohnheit, alles, was die anderen Familienmitglieder während einer Mahlzeit übrig gelassen hatten, bei der nächsten Mahlzeit zu essen. In Wirklichkeit war es ihm einfach egal, womit er sich den Magen voll schlug, aber er behauptete, er mache das aus Sparsamkeit, und sicherte sich dadurch die uneingeschränkte Kontrolle über die Finanzen der Familie, weil er seiner Frau bei jeder noch so kleinen vermeintlich überflüssigen Anschaffung vorhalten konnte, dass er sich von Resten ernähre. Genauso verhielt es sich bei einem Paar in meiner Bekanntschaft, als die Frau aus Gesundheitsgründen das Rauchen aufgab, ihrem Mann jedoch weismachen wollte, sie wolle ihm damit unnötige Ausgaben ersparen.

3. Bloßstellungsstrategien

Wer diese Art von Taktik anwendet, bringt seinen Partner nicht, wie bei den Paradoxien, in eine unhaltbare Lage, sondern in Verlegenheit, mit dem Ergebnis, dass dieser schließlich ständig Angst hat, der andere könnte etwas Unangenehmes sagen oder tun oder ihn blamieren. Die brutalste Variante ist, den anderen im Beisein Dritter zu beschimpfen, doch es gibt auch subtilere Methoden. Ein von Berne (2002, S. 139 ff.) erwähntes Manöver besteht darin, in der Öffentlichkeit etwas Negatives im Zusammenhang mit dem Partner zu erzählen; die Geschichte hat immer einen wahren Kern, wird aber sehr übertrieben dargestellt und mündet in dem Satz: „Nicht wahr, Schatz?!". So zum Beispiel der Mann zu seiner Frau: „Du schnarchst wie eine Kreissäge, nicht wahr, Schatz?!". Die Frau, die weiß, dass sie manchmal schnarcht, widerspricht ihrem Mann nicht, einerseits weil sie die Peinlichkeit nicht noch steigern will, indem sie sich zusätzlich als kleinlich outet, andererseits weil sie nicht so taktlos sein will, jemandem über den Mund zu fahren, der in aller Öffentlichkeit „Schatz" zu ihr sagt. Um sich zu wehren, könnte der attackierte Partner die boshafte Beschreibung des anderen akzeptieren und noch eins draufsetzen, um ihn seinerseits in Verlegenheit zu bringen: „Ja, stimmt, aber das ist noch nicht alles. Leider mache ich im Schlaf noch ganz andere Geräusche, ich kann nichts dagegen tun; zum Glück scheint mein Mann nur die mitzukriegen, die ich mit dem Mund mache, oder vielleicht überhört er die anderen aus Höflichkeit, obwohl mir das höchst unangenehm ist."

Eine angemessenere Reaktion ist, seine Verlegenheit in völlig übertriebenem Maß zur Schau zu stellen, etwa indem man sich unter Tränen zu dem Geständnis hinreißen lässt, dass man schnarcht, oder indem man sich offen zu dem Minderwertigkeitskomplex bekennt, den man deshalb hat. Die Strategie zielt auf Bloßstellung ab und funktioniert, weil das Opfer einen bestimmten Umstand geheim halten möchte. Wenn der dem Spott ausgesetzte Partner jedoch das Geheimnis lüftet und seine Gefühle übersteigert, steht der Stratege vor den anderen wie ein Sadist da, der im Beisein von Fremden auf den Schwächen seines Partners herumhackt.

Allgemeiner lässt sich sagen, dass Bloßstellungsstrategien immer dann vorliegen, wenn ein Partner auf Kosten des anderen Witze beziehungsweise sarkastische Bemerkungen macht. Der verspottete Partner ist insofern in einer schwierigen Lage, als er zwar die Boshaftigkeit hinter dem scherzhaften Ton erkennt, aber nicht zurückhauen kann, weil man sonst denken könnte, er verstehe keinen Spaß, und der andere sich ja auch jederzeit damit herausreden kann, dass er nur Spaß gemacht hat. Die einzig mögliche Gegenstrategie ist, in einem ähnlich humorvollen Ton zu antworten, aber das ist nicht immer ganz einfach, vor allem weil sich selten zwei Menschen finden, die gleichermaßen schlagfertig sind.

Manche quälen ihren Partner damit, dass sie in der Öffentlichkeit keine Peinlichkeit auslassen, ihrem Tischnachbarn
den Wein über den Schoß schütten, sich beim Essen bekle-
ckern und Ähnliches. Das soll nicht heißen, dass es keine
tollpatschigen Ehemänner und -frauen gäbe; im vorliegenden Fall steckt hinter diesem Verhalten jedoch eine böse Absicht. Die Gegenstrategie: Man leistet der Ungeschicklich-
keit Vorschub, indem man den betreffenden Partner
regelrecht dazu auffordert, sich daneben zu benehmen.
Normalerweise wird er dann sehr schnell die Lust daran
verlieren. Wollen Sie dazu ein Experiment machen? Dann
sagen Sie zu einem bockigen Kind: „Na, los, heul weiter, ja,
wälz dich auf dem Boden und schrei, so laut du kannst!"
Für gewöhnlich beruhigt es sich innerhalb weniger Minu-
ten, weil sein Spiel durchschaut ist und sein Benehmen nun
völlig gekünstelt wirkt (im Grunde weiß das Kind nämlich,
dass der Erwachsene sein Verhalten nicht gutheißen kann
und es trotzdem auffordert, damit weiterzumachen: als ob
der Erwachsene ihm sagen würde: „Gehorche mir nicht!" –
mit den entsprechenden Konsequenzen).

4. Enervierungsstrategien

Manche Manöver zielen darauf ab, den anderen auszuste-
chen, indem man ihn in eine Situation bringt, in der er nur
mit Mühe die Nerven behalten kann, zum Beispiel:

Die simpelste Methode ist, den Partner zu ignorieren. Der Stratege verhält sich so, als sei es unter seiner Würde, sich auf Diskussionen mit dem anderen einzulassen: Wenn die Atmosphäre zwischen den Partnern sich aufheizt, greift er daher je nach Sachlage zur Zeitung, sieht fern oder strickt. Er macht es sich zur Regel, nicht mitzuspielen – doch genau das ist sein Spiel: sich außer (seinem Großmut sei Dank!) „in speziellen Fällen" nie aufgebracht zu zeigen, allenfalls ein wenig degoutiert, und die Vorwürfe des anderen nicht zur Kenntnis zu nehmen (vgl. Mozdzierz a. Lottmann 1973).

Die landläufige Gegenstrategie besteht darin, so zu reagieren, dass man nicht ignoriert werden kann, indem man zum Beispiel das Fernseherkabel durchschneidet oder die Zeitung anzündet, die der andere gerade liest. Eine solche Reaktion ist gefährlich, weil sie zur Eskalation führen kann. Besser beraten ist man, wenn man das Verhalten dessen, der das „Ich-spiel-nicht-mit"-Spiel spielt, ins Lächerliche zieht. So sagte beispielsweise eine Frau zu ihrem verstockten Ehemann: „Du brauchst dir nicht die Mühe zu machen, mir zu antworten, Schatz, ein Grunzen reicht vollkommen."

Eine weitere, sehr raffinierte Strategie besteht darin, dem Partner vom Gesicht abzulesen, dass er verärgert oder wütend ist. Gewöhnlich ist dem gar nicht so, doch dem Strategen geht es auch nicht darum, Recht zu haben, sondern darum, die Stimmung des anderen so zu beeinflussen, das dieser am Ende tatsächlich verstimmt oder zornig ist (vgl. Lederer u. Jackson 1980, S. 166 ff.). Um zu verstehen, wie diese Strategie funktioniert, hören wir doch einmal, was sich die Mayers zu sagen haben, wenn der Mann abends aus dem Büro nach Hause kommt:

MANN: Hallo, Schatz.

FRAU: Hallo, Schatz, was hast du denn?

MANN: Nichts.

FRAU: Das glaub ich dir nicht.

MANN: Warum nicht?

FRAU: Was meinst du wohl? Du weißt doch genau, dass du mir nichts vormachen kannst. Du machst ein Gesicht, als ob jemand gestorben wäre, was ist mit dir?

MANN: Nichts ist mit mir, das habe ich doch schon gesagt, ich bin nur ein bisschen müde, ich habe zurzeit viel zu tun.

FRAU: Na, komm, Schatz, setz dich zu mir und erzähl mir, was los ist. Hattest du wieder Krach mit dem Chef oder mit deinem Kollegen?

MANN: Ich sage dir doch, es war nichts!

FRAU: Okay, du willst es mir nicht sagen, aber denk daran, dass es dir nur besser geht, wenn du es los wirst, komm, steiger dich doch nicht in deinen Ärger hinein …

Schließlich verliert der Mann die Nerven und schreit seine Frau an, die somit triumphierend feststellen kann: „Siehst du, ich hatte Recht: Du bist wirklich schlecht gelaunt." Wie kann man sich gegen diese Strategie wehren, die das Ziel hat, den anderen zur Raserei zu bringen, um ein Abhängigkeitsverhältnis zwischen der Stimmung des Opfers und dem Verhalten des Strategen zu schaffen? Man muss dem strategisch vorgehenden Partner in überdeutlicher Weise sekundieren, ihn so beim Wort nehmen, dass ihm die Kontrolle über die Stimmung des anderen verleidet wird. Laden wir uns noch einmal bei den Mayers ein, um den notwendigen Gegenmaßnahmen beizuwohnen.

MANN: Hallo, Schatz.

FRAU: Hallo, Schatz, was hast du denn?

MANN: Nichts.

FRAU: Das glaub ich dir nicht.

MANN: Warum nicht?

FRAU: Was meinst du wohl? Du weißt doch, dass du mir nichts vormachen kannst. Du machst ein Gesicht, als ob jemand gestorben wäre, komm, sag schon, was mit dir ist!

MANN: Du hast Recht, du kannst wirklich Gedanken lesen, ich bin stinksauer auf alle.

FRAU: Auf wen? Auf jemanden im Büro?

MANN: Ja, im Büro hatte ich heute den schlimmsten Tag meines Lebens. Ich halte es dort nicht mehr aus. Wenn ich dich und die Kinder nicht hätte, könnte ich wirklich für nichts garantieren.

FRAU: Aber, Schatz, findest du nicht, dass du ein bisschen übertreibst?

MANN: Ich und übertreiben? Du siehst doch, dass ich verzweifelt bin, alles ist so furchtbar, du bist die Einzige, die mich versteht.

Im Normalfall wird die Frau bald damit aufhören, ihrem Mann seine schlechte Laune anzusehen, weil sie merkt, dass sie damit eine unaufhaltsame Flut von Katastrophenmeldungen auslöst.

Varianten dieser Strategie sind das „Gedankenlesen" (meist die Unterstellung unlauterer Absichten oder Beweggründe) – zum Beispiel wenn ein Partner, der dem anderen Pralinen mitbringt, sich sagen lassen muss: „Eines weiß ich mittlerweile: Wenn du mir ohne Grund Pralinen mitbringst, muss es einen Grund geben. Also, weshalb hast du ein schlechtes Gewissen?" – und das „Erraten" einer bevorstehenden inakzeptablen Handlung des anderen (die dieser natürlich keineswegs vorhatte), zum Beispiel: „Du brauchst es gar nicht abzustreiten, meinst du, ich merke nicht, dass du heute Abend schon wieder ausgehen willst?" (vgl. Wahlroos 1980).

Eine der geschicktesten Methoden, den Partner auf die Palme zu bringen, ist, ihm viele gute Ratschläge auf einmal zu geben, wenn er gerade mit etwas beschäftigt ist, was seine volle Konzentration fordert. Angeblich sollen die Ratschläge ihm nützen, in Wirklichkeit lenken sie ihn jedoch ab, so dass er Fehler macht und der Stratege triumphierend sagen kann, dass er mithin zu Recht angenommen habe, sein Partner würde es ohne seine Hilfe nicht schaffen. Natürlich versucht derjenige, der die Ratschläge erteilt, nicht, das Unglück abzuwenden, sondern beschwört es durch eine Prophezeiung herauf, die sich durch die Art und den Zeitpunkt, zu dem sie ausgesprochen wird, selbst erfüllt. Die Gegenstrategie: Um zu verhindern, dass man sich beim Aufhängen eines Bildes mit dem Hammer auf den Finger schlägt, sollte man sofort mit der Tätigkeit aufhören, wenn sich der strategisch vorgehende Partner einmischt, und ihn ohne Ironie bitten, die Sache selbst zu übernehmen, zum Beispiel: „Du hast Recht, Bilder aufzuhängen ist wirklich nicht mein Ding, kümmer du dich doch bitte darum, ich mache etwas anderes."

Apropos Ratschläge: Eine der gängigsten Enervierungsstrategien ist die Bitte um Ratschläge, die man dann ablehnt. Ein Mann um die fünfzig erzählte mir: „Meine Frau hat eine Angewohnheit, die mich wahnsinnig macht: Jedes Mal, wenn ich ihr auf ihre Bitte hin etwas vorschlage, tut sie erst so, als nähme sie meinen Rat an, findet dann aber irgendwelche Ausreden, um meinen Vorschlag nicht umzusetzen. Ein Beispiel, das vielleicht banal ist, aber auch sehr aufschlussreich: Neulich abends hatten wir Leute eingeladen, und da meine Frau nicht wusste, was sie kochen sollte, habe ich ihr auf ihre Frage hin vorgeschlagen, sie solle doch ein schönes Roastbeef machen. Sie sagte, die Idee sei nicht schlecht, aber vielleicht würde das ja nicht allen schmecken. Ich bin also auf ein leckeres Fischfilet ausgewichen, meine Frau war erst einverstanden, gab dann aber zu bedenken, dass man in Mailand keinen frischen Fisch bekäme, und nach einigen weiteren Vorschlägen, von denen keiner Gnade fand, hat sie für unsere Freunde panierte Schnitzel zubereitet, die nun wirklich nichts Besonderes waren. So etwas kommt häufig vor, weil meine Frau, egal in welcher Situation, meine Ratschläge, um die sie mich selbst gebeten hat, immer mit mehr oder weniger triftigen Ausreden verwirft."

Dieser Mann und seine Ehefrau sind Gegner in einem Spiel, das Berne (2002, S. 151 ff.) „Warum nicht – Ja, aber ..." nennt. Wenn die Frau ihre Strategie durchhält, kann sie ihren Gegner, der in diesem Fall die Rolle des Ratgebers übernimmt, so lange zurückschlagen, bis er kapituliert, was sich normalerweise in einem bedrückten Schweigen äußert, ein Zeichen dafür, dass der Vorrat an Ratschlägen erschöpft ist. Da die Frau ihrem Mann offensichtlich in Klugheit nicht nachsteht, hat sie die verschiedenen Lösungsmöglichkeiten bereits analysiert und sich überlegt, was gegen die eventuellen Ratschläge einzuwenden ist. Natürlich hat dieses Verhalten, wenn es eine Strategie darstellt, nur scheinbar den Zweck, Ratschläge einzuholen; in Wirklichkeit ist es darauf ausgerichtet, diese Ratschläge abzulehnen und damit dem Partner zu zeigen, dass er nichts taugt und nicht helfen kann.

Als Gegenstrategie empfahl ich dem Mann, den gewohnten Eröffnungszug seiner Frau, etwa: „Was würdest du tun?", auf ganz natürliche Art zu quittieren: „Keine Ahnung, was würdest du denn tun?" Mit dieser Methode, die uns häufig von Klienten angekreidet wird, nämlich dem Erwidern einer Frage mit einer Gegenfrage, kann man vermeiden, in einen ausweglosen Strudel aus „Warum nicht – Ja, aber ..." hineingezogen zu werden.

Eine weitere Strategie, um den Partner aus der Fassung zu bringen, wird als *scheinbar wohl wollende Diktatur* bezeichnet und besteht darin, mit dem eigenen Verhalten auf die angeblich intuitiv erfassten Wünsche des Partners Rücksicht zu nehmen. Diese Intuition hat jedoch gemeinhin nichts mit der Realität zu tun, und die Wünsche, nach denen sich der Stratege richtet, sind immer nur seine eigenen (vgl. Lederer u. Jackson 1980, S. 172 ff.). Um diese Strategie zu verfolgen, begeben wir uns wieder zu den Mayers nach Hause:

FRAU: Schatz, du siehst sehr müde aus, du solltest dieses Wochenende unbedingt wegfahren.

MANN: Nein, Liebling, ich bleibe lieber zu Hause, da erhole ich mich bestimmt besser.

FRAU: Aber, Schatz, du brauchst unbedingt einen Tapetenwechsel, das steht dir ins Gesicht geschrieben!

MANN: Ach, Quatsch, ich will einfach nur hier im Sessel sitzen. Für mich ist das die einzige Möglichkeit, mich wirklich auszuruhen.

FRAU: Überlass das nur mir, ich verstehe dich, lass dir doch helfen, du brauchst unbedingt einen Tapetenwechsel ...

MANN *(zunehmend verärgert)*: Aber ich habe überhaupt keine Lust, im Stau zu stehen ...

Wie dieses Gespräch endet, kann man sich leicht vorstellen. Als Gegenstrategie empfiehlt es sich, ehrliche Rührung über die Sorge des strategisch vorgehenden Partners zu zeigen und gleichzeitig seine Angebote strikt abzulehnen, indem man zum Beispiel sagt, man habe so viel Aufmerksamkeit nicht verdient oder man müsse sich selbst bestrafen, weil man ein schlechtes Gewissen habe.

Subtiler (weil der andere häufig nicht einmal ausrastet, sondern einfach an allem zweifelt) ist die Strategie dessen, der grundsätzlich alles gut findet. Der Braten ist angebrannt, der Mann sagt, er sei lecker, wenn nicht gar hervorragend, und das Gleiche sagt er, wenn der Braten perfekt zubereitet ist; das Hemd ist schlecht gebügelt, er versichert, es sehe aus wie vom Bügelservice, und exakt dasselbe versichert er, wenn das Hemd wirklich gut gebügelt ist. Am Ende weiß seine Frau nicht mehr, wann sie etwas schlecht und wann sie etwas gut macht, wann ihr Mann sie kritisiert und wann er sie lobt, mit dem Resultat, dass ihr alles egal wird, weil sie sich weder bestätigt noch zurückgewiesen fühlt. Der Stratege – sofern er einer ist, denn es gibt auch Menschen, die das Glück haben, tatsächlich alles gut zu finden – kann sich rühmen, seine Frau in die äußerste Verzweiflung getrieben zu haben: Sie weiß nie, was er von ihr hält, wie sie auf ihn wirkt, welche Bedeutung das, was sie tut, für ihn hat.

Als Gegenstrategie macht man am besten absichtlich etwas wirklich schlecht, um den anderen bei seinem völlig unangebrachten Lob zu ertappen. Beobachten wir durchs Schlüsselloch, was im Hause Mayer geschieht:

Frau: Wie findest du den Braten?

Mann: Lecker, sehr lecker, wirklich vorzüglich.

Frau: Komisch, ich habe mir nämlich Mühe gegeben, dir den schlechtesten Braten aller Zeiten zuzubereiten: Er war zweieinhalb Stunden statt einer Stunde im Ofen; statt Senf, wie das Rezept vorschreibt, habe ich Schokolade und Marmelade verwendet; bei den Gewürzen habe ich Salbei und Rosmarin durch kandierte Früchte und Rosinen ersetzt. Es gibt also drei Möglichkeiten: Entweder du nimmst mich auf den Arm oder du bist ein Masochist oder du bist der Mann mit dem schlechtesten Geschmack der Welt. Ich wäre dir dankbar, wenn du mir erklären könntest, zu welcher der drei Kategorien ich dich zählen soll, aber ich bin natürlich gerne bereit, diesen sensationellen Braten jeden Tag für dich zu machen.

An dieser Stelle muss der Mann Farbe bekennen.

Mit der Popularisierung der Psychoanalyse tritt seit einiger Zeit eine Strategie immer vehementer zutage, die je nach Art ihrer Anwendung auf Desorientierung, Schuldzuweisung, Bloßstellung oder Enervierung ausgerichtet sein kann. Von dieser Strategie macht – nach steigendem Ansehen geordnet – Gebrauch, 1) wer psychologische Rubriken in der Tageszeitung liest, 2) wer mindestens ein Buch über Psychoanalyse gelesen hat, 3) wer *Zur Psychopathologie des Alltagslebens* von Freud gelesen hat, 4) wer einen Psychotherapeuten kennt, 5) wer mindestens eine Prüfung in Psychologie abgeschlossen hat, 6) wer seit kurzem Psychologe ist, 7) wer frisch gebackener Psychotherapeut ist: „Die krankhafte Beziehung, die du zu dieser Nervensäge von Mutter hast, ist eindeutig ödipal-inzestuöser Natur"; „Du willst die Wände grün streichen, weil du chronisch depressiv bist"; „Deine Freundschaft mit diesem dämlichen Stefan ist ganz klar auf unbewusste Homosexualität zurückzuführen"; „Du willst dir ein neues Kleid kaufen, weil du dich dann weniger unsicher fühlst"; „Dein albernes Verhalten Petra gegenüber ist eine Reaktion auf deine latente Impotenz". Widerspruch zwecklos: All das ist unbewusst, und was man nicht weiß, kann man unmöglich leugnen.

Durch den Einsatz einer autoritären Strategie, die in der Psychotherapie eine ganz spezielle Funktion erfüllt (wobei manche Psychotherapeuten naiv genug sind zu glauben, dass die Dinge wirklich so sind, wie sie sie dem Patienten darlegen), kann ein Mann, der im Büro auf seine Frau wartet, um mit ihr einkaufen zu gehen, wenn sie zu früh kommt, sagen, sie leide unter einem Angstsyndrom, wenn sie zu spät kommt, sie zeige einen Widerstand, der offensichtlich auf eine verminderte Übertragung zurückzuführen sei (kurz: sie empfinde nicht mehr so viel für ihn wie früher), wenn sie rechtzeitig kommt, sie sei zwanghaft (mit allen sich daraus ergebenden sadistisch-analen Zügen, die zu benennen ich dem Leser überlasse). Der Trick ist simpel: „Was du tust und sagst, bedeutet (wenn es mir nicht in den Kram passt) nicht das, was du denkst, sondern etwas anderes, das grundsätzlich negativ ist, und ich allein weiß, was es bedeutet."

Die angemessene Gegenstrategie ist die Vertiefung dessen, was die Psychotherapeuten „insight" nennen, das heißt der Bewusstmachung unbewusster Motivationen: „Ja, ich bin homosexuell, impotent, inzestuös, depressiv, sadistisch-anal und noch vieles mehr, bitte, heile mich mit deiner psychologischen Intuition und deinem Interpretationsgeschick!" Wird die Gegenstrategie inbrünstig genug vorgebracht, mutiert der selbst ernannte Psychotherapeut zum Krankenpfleger, und das Spiel ist aus.

Obwohl ich eine ganze Menge Gegenstrategien aufgelistet habe, mit deren Hilfe man sich vielleicht besser wehren kann, sollte sich der Leser keine Illusionen machen. Das Opfer wird es kaum schaffen, die Situation zu seinen Gunsten zu verändern. Weil das System, wie wir bereits gesehen haben, nach Selbsterhalt und Stabilität strebt, folgt auf jede Veränderung eines der beiden Objekte eine analoge Entwicklung des anderen Objekts, mit der die ursprüngliche Situation wiederhergestellt wird.

Außerdem möchte ich darauf hinweisen, dass die klare Unterscheidung zwischen dem strategisch vorgehenden Partner, dem Strategen, einerseits und seinem Partner, dem Opfer, andererseits nur dem Zweck dient, die beschriebenen Situationen besser nachvollziehbar zu machen. Die Kreisförmigkeit der Partnerbeziehungen, von der schon die Rede war, führt, eben aufgrund ihrer systemischen Struktur und der Rolle der Äquifinalität, dazu, dass jeder Stratege gleichzeitig Opfer seines Opfers ist. Es ist leicht zu beobachten, dass die Manöver des Strategen dem Opfer gelegen kommen, weil es seinerseits Vorteile daraus zieht. So können Desorientierungsstrategien dazu genutzt werden, sich der Realität zu entziehen, Strategien, die auf Impotenz beziehungsweise Frigidität abzielen, dazu, der als beunruhigend empfundenen Intimität zu entfliehen, Schuldzuweisungsstrategien zur Bestätigung der Ansicht, der andere sei ein Ungeheuer, Bloßstellungsstrategien dazu, öffentlich zu beweisen, dass der andere einen tyrannisiert, Enervierungsstrategien dazu, Aggressionen gegen den anderen auszuleben. Tatsächlich sollte jeder zuerst in sich gehen, um herauszufinden, welche Strategien er selbst gegen den anderen einsetzt, und auf diese dann bewusst verzichten. Nur so kann man hoffen, dass der andere den Waffenstillstand ausruft.

Im Wesentlichen kann man drei Grundtypen von Gegenstrategien unterscheiden, die ich wie folgt nach ihrer Tragweite gestaffelt aufführe:

1) *Das Feld räumen*, indem man die Tür hinter sich zuschlägt und sich gegebenenfalls trennt oder scheiden lässt. Das ist die effizienteste Methode, sofern keine Kinder da sind, die einer von beiden als Druckmittel

benutzen könnte. Auch wenn diese Strategie effizient ist, heißt dies nicht unbedingt, dass sie zweckmäßig und wünschenswert ist.

2) *Den Strategen entlarven*, was allerdings nicht immer ganz leicht ist, unter anderem weil der Stratege bestreiten wird, sich tatsächlich so niederträchtig verhalten zu haben, wie es ihm vorgeworfen wird. In seiner Not liefert er *Selbstrechtfertigungen* oder andere *Rechtfertigungen*, die im Beziehungsscharmützel als *Alibis* dienen. Einige davon seien im Folgenden kommentarlos aufgelistet; es hat sie ohnehin jeder im Ohr: „Ich mache das nur zum Spaß", „Er hat angefangen!", „Ich mache das nicht mit Absicht", „So bin ich eben", „Das hat keine Bedeutung", „Ich kann nicht anders", „Das macht doch jeder", „Ich bin eben total gestresst". Eines der meistbenutzten Alibis ist Betrunkenheit. Aufgrund ihrer vielfältigen Einsatzmöglichkeiten und der schweren Folgen, die sie haben kann, soll sie hier etwas ausführlicher behandelt werden.

Studien haben überzeugend dargelegt, dass die Veränderungen im Verhalten von Personen, die getrunken haben, nicht eine chemische Folge des Alkoholgenusses sind, sondern vielmehr eine Reaktion auf die ungeschriebene gesellschaftliche Regel (im Strafgesetzbuch steht genau das Gegenteil!), dass Betrunkene nicht für ihr Tun verantwortlich sind. So stellte man fest, dass die Einführung von Alkoholika in Kulturen (zum Beispiel einigen Indianerstämmen), in denen es diese Regel nicht geben konnte, weil alkoholische Getränke bis dato nicht bekannt gewesen waren, keinerlei veränderte Verhaltensweisen wie Belästigung, Schreien oder Gewalttätigkeit zur Folge hatte (vgl. MacAndrew a. Edgerton 1973). Das bedeutet natürlich nicht, dass Alkoholgenuss keine Auswirkungen auf die Funktion des Gehirns hat, sondern nur, dass das, was gemeinhin als unkontrolliertes und unverantwortliches Verhalten von Betrunkenen angesehen wird, zu einem großen Teil kulturbedingt ist und eine Art Auszeit vom normalen Leben darstellt, in der die betreffende Person sich außerhalb der gesellschaftlichen Normen bewegt.

Somit dient das Trinken nicht in erster Linie der Alkoholisierung – denn die ist irgendwann gar nicht mehr lustig und den Aufwand sicherlich nicht wert –, sondern vielmehr als Strategie, die das Alibi gleich mitliefert. Da man, wenn man blau ist, nicht mehr geradestehen muss für das, was man tut und sagt (ziemlich ungehörig ist es hingegen, wenn ein Nüchterner zu einem, der gebechert hat, sagt: „Sei still, du bist ja betrunken!"), verschafft sich jemand, der trinkt, die Möglichkeit, von einer komplementären Beziehung auszugehen, in der er selbst der Übergeordnete ist, und diese zu kontrollieren, indem er die Gegenmanöver des anderen zunichte macht, der im Umgang mit einem Betrunkenen nicht einmal reagiert (vgl. Gorad 1971, S. 475). Im Gegenteil, sein Verhalten wird sogar noch unter den Teppich gekehrt, weil er ja ohnehin nicht dafür verantwortlich ist. Alle Botschaften, die ein Betrunkener sendet (von Beschimpfungen bis hin zu Messerstichen), sind unstimmig, weil sie die sich unter anderem in der Sprechweise und der Gestik äußernde Metabotschaft „Ich bin betrunken, deshalb bin ich für nichts verantwortlich" enthalten. Diese Metabotschaft disqualifiziert den Sender in seiner Eigenschaft als Sender, und genau das ist das Alibi: „Nicht ich bin es, der dies sagt und tut, es ist der Alkohol in mir."

Wenn der Stratege sich seiner Taktik bewusst wird, ist diese Erleuchtung von kurzer Dauer; normalerweise macht er danach, ohne mit der Wimper zu zucken, weiter wie bisher. Anders ist es, wenn die Strategien durch einen Psychotherapeuten aufgedeckt werden, der außerhalb der Gefühlsbeziehung steht und daher Strategien entwickeln kann, die denen des strategisch vorgehenden Partners entgegenwirken.

3) *Mit Humor reagieren.* Das ist eine stabile Rüstung, die nicht ganz leicht anzulegen ist, den Partner jedoch wirksam gegen die Sticheleien des anderen schützt. Dem aufmerksamen Leser wird nicht entgangen sein, dass viele der bisher erläuterten Gegenstrategien von Ironie oder gar Witz getragen sind. Das liegt daran, dass die Unstimmigkeit und die sich daraus ergebende Paradoxie bestimmter Manöver mit Humor ziemlich gut entlarvt und unschädlich gemacht werden können. Diese Abwehr bietet dem Opfer, falls der Stratege die Fassung zu verlieren droht, die Möglichkeit, sich mit einem einfachen „Entschuldige, Liebling, ich habe nur Spaß gemacht!" aus der Affäre zu ziehen. Mit Ironie und Witz kann das Opfer auf die Unstimmigkeit der Botschaft reagieren, auf die einzelnen paradoxen Elemente eingehen und sie einander direkt gegenüberstellen. Erinnern wir uns an die Szene, in der der Mann sich auf die Brust trommelt, sabbert und „Sex, ich will Sex!" schreit, wenn seine Frau ihn anmacht, ihn jedoch, sobald er darauf anspringt, zu-

rückweist, weil er sich „wie ein Tier" gebärde. Indem er sich tatsächlich wie ein Tier verhält, betont er den Verführungsaspekt im Verhalten der Frau und rechtfertigt ihre spätere Zurückweisung, so dass er nicht mehr hilflos zusehen muss, wie sie ihn zurückweist, sondern durch die Übersteigerung des Verhaltens, das sie ihm unterstellt, die Zurückweisung selbst provoziert. Er entgeht damit dem Schicksal, der Untergeordnete zu sein, und wird stattdessen zum Übergeordneten.

9 Streiten, um nicht zu streiten

Während Nachbarn, Verwandte, einschlägige Fachjournalisten und Kultusminister meinen, Reibereien zwischen Partnern wirkten sich negativ auf die Stabilität der Beziehung aus, ergibt die klinische Praxis ein differenzierteres Bild. Ein ungeregelter Streit, der nur dazu dient, Aggressionen auszuleben, hat in der Tat keinen Nutzen für die Partnerschaft. Einer, der zur Klärung von Regeln, Metaregeln (das heißt des Rechts, die Regeln zu bestimmen) und Botschaften beiträgt, kann hingegen sehr wohl hilfreich sein.

Aggressivität ist ein Teil der menschlichen Natur und spielt eine nicht unbedeutende Rolle in einer so engen Beziehung wie der zwischen den Partnern in einer Zweierbeziehung; schon allein die Tatsache, dass Männchen und Weibchen auf begrenztem Raum zusammenleben, steigert, wie bei allen Tieren, die Kampfeslust dermaßen, dass aus der Zweizimmerwohnung im Nu eine Arena wird. Dem Ideal eines konfliktfreien trauten Heims steht die (auch kriminologische) Realität gegenüber, in der die Familie ein bevorzugter Schauplatz von Gewaltausbrüchen ist. Die extreme Unterdrückung von Aggressionen führt andererseits zu einer Scheinintimität und einer emotionalen Loslösung. Sehen wir uns an, was im Hause Schubert passiert, wo nie gezankt wird, wenn der Mann von der Arbeit nach Hause kommt:

FRAU: Hallo, Schatz, wie geht's?
MANN: Hallo, Schatz, wie geht's? Gibt's was Neues?
FRAU: Alles beim Alten.
MANN: Gut.

Der Fernseher wird angeschaltet …

Abgesehen davon, dass manche Partner, vor allem in Beziehungen vom Typ befriedigend-unbeständig, nur streitend über etwas anderes als „dies und das" sprechen können, durchbricht eine Auseinandersetzung auch die Schutzmauer, die ein Partner gegen den anderen errichtet, um die Situation im Lot zu halten. Ein Streit hat verschiedene Vorteile; er gibt zum Beispiel Gelegenheit, Aggressionen abzulassen, den Märtyrer zu spielen, beängstigenden oder aus irgendeinem Grund unangenehmen Situationen, etwa sexueller Intimität, auszuweichen. Um eine Eskalation zu vermeiden, sollte man sich jedoch bemühen, konstruktiv zu streiten, also nicht in der Absicht, den anderen zu verletzen, sondern mit dem Ziel, auch im Streit die Beziehung zu klären (vgl. Bach u. Wyden 1997). Natürlich wählt dann jeder die Mittel und Argumente, die ihm am meisten liegen.

Bekanntlich geht es bei Auseinandersetzungen wahlweise um die Kinder, die Schwiegermutter, Geld, die Freizeitgestaltung oder Ähnliches, doch das Thema ist eigentlich relativ unwichtig: Außer in (leider nicht seltenen) wirklich schlimmen Fällen dient es meist nur als Vorwand, um einen Streit vom Zaun zu brechen. Der Streit ist eine feindselige Form der Kommunikation, bei der die Absicht, die Beziehung als komplementär zu definieren und dem anderen die Position des Untergeordneten zuzuweisen, besonders ausgeprägt ist. Akzeptiert der andere diese Definition, ist, wie schon besprochen, alles kein Problem; führt er indes Gegenmanöver aus, weil er nicht bereit ist nachzugeben, und gibt auch der Partner nicht nach, nimmt die bereits erwähnte symmetrische Eskalation ihren Lauf: „Wenn du das Recht hast, dies und jenes zu tun oder zu sagen, habe auch ich das Recht, dies und jenes und noch ganz anderes zu tun oder zu sagen." In einer solchen Situation, in der mit symmetrischen Manövern à la „Sag das noch mal, wenn du dich traust!'" immer heftigere Aggressionen provoziert werden, kann es vorkommen, dass einer eine Beleidigung loslässt und der andere, falls er eine parat hat, mit einer schlimmeren kontert oder einen Teller wirft, was mit einer Ohrfeige quittiert wird – und das kann übel enden.

Aufgrund der verschiedenen Rollen, die Männer und Frauen in unserer Gesellschaft einnehmen, neigen Männer zur Unterdrückung, Frauen hingegen zur Hinterlist. Die viel beschworene weibliche Logik ist nichts anderes als eine intuitiv angewandte Taktik, um die Dominanz des Mannes zu untergraben. Indem sie seinem Hochmut mit absurden Behauptungen begegnet, kommt die Frau in den Genuss, ihren Mann entweder verwirrt oder kleinlaut oder wütend zu erleben.

Vergessen wir nicht, dass wie beim Schach oder beim Damespiel jede Kommunikationshandlung, die natürlich auch nonverbal sein kann, die Handlungsmöglichkeiten des anderen einschränkt, so dass irgendwann einer der beiden Gegner mit dem Rücken zur Wand steht und mit körperlicher Gewalt reagiert, wie es selbst zahme Tiere tun, wenn ihnen kein Raum zur Anpassung oder zur Flucht bleibt.

Manche Kommunikationsprobleme können den Partnern zum Verhängnis werden. Vor Gericht verteidigte ich einmal einen Kerl, der seine Frau mit siebzehn Messerstichen getötet hatte, um ihr begreiflich zu machen, dass er ihr nicht wehtun wollte. Es begann, wie es oft beginnt: Er war um einiges älter als sie und hatte Angst, dass sie ihn verlassen könnte; als sie merkte, wie ihn diese Sorge umtrieb, bekam sie Angst vor ihm; ihm wiederum machte es Angst, dass sie Angst hatte, was seine Angst, dass sie ihn verlassen könnte, noch verstärkte; er versuchte deshalb, sie davon zu überzeugen, dass sie keine Angst zu haben brauchte, was

wiederum ihre Angst steigerte. Doch was macht man, wenn man jemandem, der Angst hat, unbedingt beweisen möchte, dass er keine zu haben braucht? Wie kann man über ein Nichtverhalten metakommunizieren? Die einzige Möglichkeit ist, die Handlung, vor der der andere Angst hat, anzudeuten, ohne sie wirklich auszuführen (vgl. Watzlawick, Beavin u. Jackson 2000, S. 99 ff.): „Guck, ich hab ein Mes-

ser, ich könnte dich damit verletzen, aber ich tue es nicht!"
Wenn die Angst des anderen jedoch nicht aufhört, sondern
sich im Gegenteil durch diese „Beweisführung" noch ver-
größert, wird der Erste seiner „Erklärung" Nachdruck ver-
leihen, indem er dem anderen das Messer an die Kehle hält
und seine Worte wiederholt: Die Falle schnappt zu – in je-
nem Fall wurden beide in den Abgrund gerissen.

Kommen wir nun zu den Regeln eines ungefährlichen,
konstruktiven Streits (vgl. Bach u. Wyden 1997).

1. *Es muss klar sein, worum es bei dem Streit geht.* Ich
   kenne Paare, die sich über den Grund ihres Streits
   streiten. Eine Diskussion sollte sich jedoch um ein
   konkretes Thema drehen und nicht darum, dass der
   Mann ein „Fischkopf" ist oder die Frau „Mamas
   Liebling", dass einer von beiden einen „Ödipus-
   komplex" hat oder Ähnliches. Es gilt also, den Gegenstand der Auseinandersetzung eindeutig festzulegen und Ausweichmanöver zu vermeiden – zum
   Beispiel sollte die Frau ihrem Mann nicht vorhalten,
   dass er beim Essen schmatzt, um davon abzulenken,
   dass sie rasend vor Eifersucht ist, weil er am Vorabend besonders nett zu einer gemeinsamen Freundin
   war, und der Mann sollte sich bei der Frau nicht
   über den misslungenen Braten beschweren, weil er
   sich nicht traut, ihr zu sagen, dass sie am Vorabend
   den Gutenachtkuss vergessen hat.

   Bei der Wahl des Streitgegenstands werden allzu
   heikel anmutende Themen häufig ausgespart. Das
   ist insofern gefährlich, als so die Aversionen gegen
   den anderen bestehen bleiben. Es ist sicherlich besser, etwas mit einem heftigen Streit ein für alle Mal
   aus der Welt zu schaffen, als dem anderen ständig zu

grollen. Vorausgesetzt natürlich, man diskutiert über konkrete Fakten und verkauft nicht subjektive Eindrücke als objektive Wahrheiten.

2. *Der Gegenstand des Streits muss begrenzt werden.* Vor allen Dingen darf nicht mehr als ein Vorwurf auf einmal vorgebracht werden. Ein Streit, bei dem jeder das Kampfgebiet nach Belieben ausweitet, ist natürlich nicht mehr konstruktiv und endet erst, wenn die Kräfte eines der beiden Gegner erschöpft sind. Gewöhnlich beginnt das Abschweifen so:

MANN: Warum hast du dir schon wieder ein Kleid gekauft?

FRAU: Du hattest doch gesagt, dass du nichts dagegen hast.

MANN: Na, gut, das mag ja sein ... Aber musstest du den ganzen Nachmittag dafür verplempern?

3. *Wer Vorwürfe äußert, darf nicht unterbrochen werden* – solange er sich an eine gewisse Höchstrededauer hält, die in einem ruhigen Moment gemein-

sam festgelegt werden sollte. Oft spricht einer lauter, weil der andere ihn unterbricht, einer unterbricht den anderen, weil er lauter spricht, und aus diesem Teufelskreis gibt es kein Entkommen.

4. *Es ist strengstens untersagt, einen Vorwurf des Partners mit einem anderen Vorwurf zu kontern*, zum Beispiel wenn ein Mann auf die Frage seiner Frau, warum er so spät nach Hause gekommen sei, entgegnet: „Und du, warum gibst du so viel Geld für den Friseur aus?" oder, etwas allgemeiner, „Du meinst wohl, du bist perfekt?!" oder „Das sagt die Richtige!". Solche symmetrischen Manöver, die darauf abzielen, das eigene Verhalten mit dem des Partners zu rechtfertigen, tragen in der Regel nicht zur Klärung bei, sondern verstärken im Gegenteil noch die Spannung zwischen den Partnern. Falls man demjenigen, der den Streit beginnt, seinen Vorwurf zurückgeben möchte, sollte man sich fairerweise zumindest so lange gedulden, bis er die Anklagepunkte und die entsprechenden Beweise vorgebracht hat.

5. *Zeitpunkt und Ort des Disputs müssen abgestimmt werden.* Streitet man vor den Kindern, vor Fremden oder wenn einer der Partner etwas Dringendes erledigen muss, so führt das nur zu weiterem Streit über den Streit.

6. *Museumsstücke sind tabu*, das heißt, man sollte sich nicht über das Urlaubsziel in die Haare kriegen und sich nicht über den bösen Fauxpas der Schwiegermutter anno dazumal oder anderen Schnee von gestern ereifern. Diskutiert wird immer über das Hier und Jetzt. Außer in speziellen Fällen verjähren Anklagen innerhalb eines Monats und dürfen danach nicht wieder auf den Tisch gebracht werden.

7. *Ein räumlicher Mindestabstand muss gewahrt werden*, nicht nur, um Tritten und Schlägen zu entgehen, sondern weil es bewiesen ist, dass Menschen wie die meisten Tiere auf Einhaltung der Reviergrenzen beharren: Jeder Mensch ist wie von einer unsichtbaren Glocke umgeben, deren Durchmesser von Person zu Person verschieden ist (Untersuchungen haben ergeben, dass er bei gewaltbereiten Verbrechern größer ist als bei der restlichen Bevölkerung) und die, wenn nötig mit Gewalt, gegen das Eindringen Fremder verteidigt wird. Es ist allgemein bekannt, dass Menschen in überfüllten Räumen besonders aggressiv sind und dass es kein wirksameres Mittel gibt, um jemanden zu provozieren, als ihm auf den Pelz zu rücken.

8. *Die Schmerzgrenze des anderen darf nicht überschritten werden.* Jeder hat einen Punkt, an dem er besonders leicht zu treffen ist, seine Achillesferse, ob es nun ein kleiner Busen, der Bierbauch oder ein Verwandter in psychiatrischer Behandlung ist. Vom wunden Punkt des anderen, den man als Partner ja genau kennt, sollte man sich in Auseinandersetzungen tunlichst fern halten, weil eine Anspielung darauf zwar einen vorübergehenden Machtgewinn bedeutet, aber nicht zur Lösung des Konflikts beiträgt, sondern ihn eher noch verschärft.

9. *Der Streit sollte als Ergebnis des beiderseitigen Verhaltens gesehen und nicht grundsätzlich allein dem anderen angelastet werden.*

Ich bin mir völlig darüber im Klaren, dass man, um diese Regeln befolgen zu können, über eine Selbstbeherrschung verfügen müsste, die, wenn es sie denn gäbe, jeden Streit von vornherein ausschließen würde. Ich wollte sie dennoch als Richtlinien für eine verbesserte Streittechnik vorgeben, erstens weil sie sich in vielen Fällen bewährt haben (vgl. Bach u. Wyden 1997) und zweitens weil beide Partner, auch wenn sie an der Umsetzung scheitern („Es macht doch überhaupt keinen Spaß zu streiten, wenn sie sich dumm anstellt und ich ihr dann nicht vor allen anderen sagen darf, dass sie keine Ahnung hat, weil sie es nicht weiter als bis zur dritten Klasse Grundschule geschafft hat!"), sich immerhin gedanklich damit beschäftigen können.

Streitereien sind, besonders wenn sie zum Dauerzustand werden, ein Indiz für eine Beziehungskrise. Anlass dafür können Ereignisse innerhalb der Familie (zum Beispiel die Geburt eines unehelichen Kindes, Untreue, Selbstmord, Alkoholismus) oder außerhalb der Familie (etwa Arbeitslosigkeit, eine Epidemie, politische Verfolgung) sein. Das Vermögen, auf den Stressfaktor zu reagieren, hängt davon ab, wie ausgeprägt die Integration und die Fähigkeit, sich an innere und äußere Veränderungen anzupassen, in der Familie sind.

Von den drei Perspektiven, aus denen heraus ein die Familie betreffendes inneres oder äußeres Ereignis beurteilt werden kann, nämlich der objektiven, der kulturellen und der subjektiven, ist, wie in zahlreichen Untersuchungen gezeigt wurde, die dritte am stärksten für die Entstehung einer Paarkrise verantwortlich: Die Partner müssen also überzeugt sein, dass ein inneres oder äußeres Ereignis innerhalb oder außerhalb der Familie eine Krise auszulösen vermag. Diese Einschätzung des Ereignisses beruht teils auf den Wertvorstellungen der Familie, teils auf vorangegangenen Stresssituationen und vor allem darauf, wie die Familie zuvor mit ähnlichen Vorfällen umgegangen ist.

Um eine Krise auszulösen, muss das Ereignis jedoch mit einer unzulänglichen familiären Situation zusammentreffen.

Die Unzulänglichkeit wird durch Druck von Seiten der Gesellschaft und der Umgebung, etwa sozialen und wirtschaftlichen Wandel, sowie durch Rollenkonflikte in der Zweierbeziehung verursacht. Bei Letzteren können mindestens sechs Typen unterschieden werden (vgl. Spiegel 1968, S. 391):

1) Die *kognitive Diskordanz*, die darauf zurückzuführen ist, dass jeder der beiden Partner unzureichende Kenntnis über das Rollenverhalten besitzt, das er an den Tag legen soll oder berechtigterweise vom anderen erwarten kann; zum Beispiel weiß die Frau nicht, dass es ihrem Mann wichtig ist, dass sie mehr auf ihr Äußeres achtet, liebevoller oder gewissenhafter ist; der Mann weiß nicht, dass seine Frau erwartet, dass er strenger zu den Kindern oder netter zu den Nachbarn ist.

2) Die *Diskordanz hinsichtlich der Ziele*, die nicht unbedingt ausgesprochen sein müssen; zum Beispiel möchte der Mann gern einen großen Bekanntenkreis haben und deshalb häufig Leute zu sich nach Hause einladen, während die Frau lieber für sich ist; der Mann strebt einen ruhigen und sicheren Job an, seine ehrgeizige Frau hingegen will, dass er Karriere macht.

3) Die *kommunikative Diskordanz*, die damit zusammenhängt, dass es den Partnern nicht gelingt, einander mitzuteilen, welche Rolle sie gerne hätten; zum Beispiel kann der Mann seiner Frau nicht verständlich machen, in welcher Hinsicht er mehr Freundschaft und mehr Unterstützung von ihr erfahren möchte.

4) Die *Diskordanz hinsichtlich der Aufgabenverteilung*; sowohl der Mann als auch die Frau möchten das Kind anziehen, keiner von beiden will den Schrank aufräumen.

5) Die *instrumentelle Diskordanz* infolge der Unfähig-
keit der Partner, mit ihrem Verhalten die Vorausset-
zungen für ein reibungsloses Funktionieren ihrer Beziehung zu schaffen; zum Beispiel hat die Frau keine
Lust mehr, sich um den Haushalt zu kümmern, der
Mann will die Kinder nicht mehr zur Schule bringen.

6) Die *kulturelle Diskordanz*, die auf unterschiedlichen
Wertvorstellungen beruht; zum Beispiel hält sich der
Mann an die Tradition und kommandiert seine Frau
herum, während diese progressiven und feministi-
schen Ideen anhängt und Gleichberechtigung fordert; der Mann möchte, um sich zu bilden, zu Vor-
trägen gehen, politische Filme ansehen und in sozial
engagierten Kreisen verkehren, die Frau verbringt
ihre Zeit lieber mit Popmusik und Zeitschriften.

Das folgende Schaubild zeigt, welche Faktoren gegeben sein
müssen, damit ein Ereignis eine familiäre Krise auslöst.

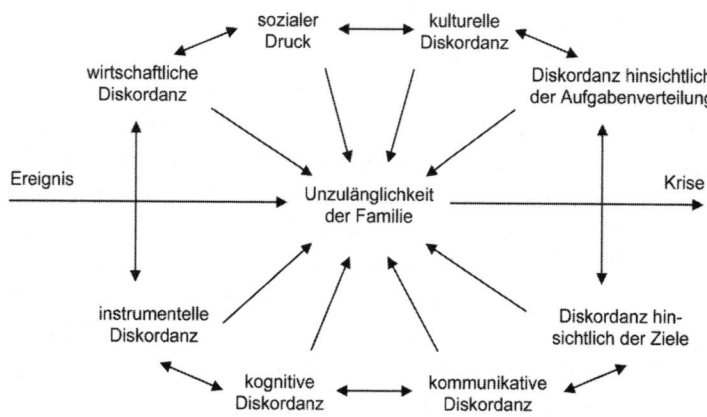

Die Krise kann aus einer beständigen und befriedigenden Beziehung eine unbeständige und unbefriedigende Beziehung machen. Vor allem wenn der Konflikt chronisch wird und die Partner sich nicht trennen wollen oder können, muss ein Experte hinzugezogen werden.

10 Prinzipien der paradoxen Paartherapie

Man sollte sich keine Illusionen machen: Auch die willigsten Paare können sich aus einer völlig verkorksten Situation, in der sich Missverständnisse und Strategien häufen, kaum alleine befreien. Die Regeln des Systems streben, vor allem in einer Konfliktsituation, nach Homöostase, das heißt, sie sind darauf ausgerichtet, die bestehende Situation aufrechtzuerhalten und jede eventuelle Veränderung auszugleichen; es scheint, als tanzte das Paar ein absurdes Menuett, bei dem jeder Vorwärtsschritt des einen Partners einen Rückwärtsschritt des anderen bedeutet und umgekehrt.

Der einzige Ausweg ist, ein fremdes, störendes Element in das System einzuschleusen, das, ganz wie die Ereignisse, die eine Krise auslösen, die Funktion hat, das bestehende Kräftegleichgewicht zu sprengen, damit ein System mit neuen Regeln errichtet werden kann. Die Rolle dieses dritten Elements übernimmt normalerweise der von dem Paar hinzugezogene Psychotherapeut oder Eheberater (vgl. dazu Haley 1987; Lederer u. Jackson 1980, S. 267 ff.; Watzlawick, Weakland u. Fisch 2001).

Die bloße Gegenwart eines Dritten schafft ein Subsystem, das für die Therapie in mehrerlei Hinsicht von Bedeutung ist. Der wichtigste Aspekt ist, dass jeder Partner jetzt mit zwei Personen konfrontiert ist, bei denen die gewohnten Manöver und Strategien nicht mehr greifen. So kann ein Mann, dessen Waffe beharrliches Schweigen ist, diese Taktik in der Therapie nicht beibehalten, weil seine Frau währenddessen zum Therapeuten sagt: „Sehen Sie, jetzt stellt er sich wieder stumm"; ebenso wenig kann er, wenn der Therapeut ihn etwas fragt, die Antwort verweigern, wie er das sonst bei seiner Frau tut.

Damit diese Situation eintritt, müssen sich allerdings beide Partner an den Therapeuten wenden, was nicht immer der Fall ist. Normalerweise „kümmert" sich einer von beiden darum, meist aus dem theoretischen Grund, dass die bei der Paartherapie angewandten Verfahren, etwa die Psychoanalyse, für einen einzelnen Patienten entwickelt wurden; es wird also eher der intrapsychische Aspekt und nicht der Beziehungsaspekt betont, während die Psychotherapie nicht nur den einzelnen Menschen, sondern auch die Situation berücksichtigen muss. Auf jeden Fall ist eine therapeutische Maßnahme, die nur einen der beiden Partner einbezieht, aus verschiedenen Gründen kontraindiziert. Erstens ist nicht gesagt, dass derjenige, der sich an den Therapeuten wendet, nach den herkömmlichen Diagnosekriterien in höherem Maße „psychisch gestört" ist, im Gegenteil: Der Beginn einer Therapie durch einen Partner gibt dem anderen Gelegenheit, sich auf seine Position zu versteifen und seinem Partner die Schuld für sämtliche Beziehungskonflikte in die Schuhe zu schieben (immerhin ist er ja deshalb in Behandlung!). Zweitens kann es passieren, dass der Therapeut den durchaus menschlichen Fehler begeht, sich mit seinem Patienten gegen dessen Partner zu verschwören und jenen als Verantwortlichen für den Beziehungszwist anzusehen – dazu kommt es in erster Linie deswegen, weil der Therapeut in Ermangelung eines eigenen Urteils das Bild übernimmt, das ihm sein Patient vom anderen zeichnet. Der „Patient" lernt schnell, das mit dem Psychotherapeuten geschlossene Bündnis zu Lasten des nicht in Therapie befindlichen Partners auszunutzen.

In anderen Fällen verbündet sich der Therapeut mit dem Abwesenden, weil er ihn – eben aufgrund seiner Abwesenheit – für den „Gesunden" hält.

Neutrale, objektive Daten sind natürlich, weil die Perspektive einseitig ist, viel schwieriger zu gewinnen, wenn nur ein Partner zur Therapie kommt. Bei solchen Sitzungen geht man meist davon aus, dass das Beziehungsproblem nicht das eigentliche Problem ist, sondern nur eine Maske, hinter der sich innere Konflikte eines Partners oder beider Partner verbergen. Mit diesem Ansatz leistet der Therapeut unwillentlich Schützenhilfe für die meistbenutzte Strategie im Beziehungskrieg: „Alles deine Schuld!" Genau das ist im Übrigen auch der entscheidende Vorteil des Psychotherapeuten gegenüber dem Beichtvater: Für Letzteren ist immer alles deine Schuld, für Ersteren ist es die Schuld der anderen! Da jedoch selten beide Partner gleichzeitig bei einem Therapeuten vorsprechen, weil schon die gemeinsame Entscheidung, einen solchen einzuschalten, eine unüberwindbare Hürde darstellt, muss man bestimmte Tricks anwenden, um auch den anderen einzubeziehen.

Wenn mir der Partner des „Patienten" ein leicht zu beeinflussender Mensch zu sein scheint, bitte ich den Patienten, seinem Partner auszurichten, dass ich ihn als männlichen oder weiblichen Vertreter der Familie brauche, um seine Sicht des vom Patienten geschilderten Sachverhalts zu erfahren, weil ich nicht sicher sei, dass dieser die ganze Wahrheit sage, und um sicherzugehen, dass er mir nicht nur seine eigene Wahrheit gesagt habe. Gewöhnlich nimmt der Partner meine Einladung schon deshalb an, weil er dem „Patienten" und mir beweisen will, dass dieser lügt; danach ist es an mir, ihn auch für die kommenden Sitzungen bei der Stange zu halten (vgl. Satir 1997, S. 110 ff.).

Bei besonders hartnäckigen Fällen mache ich es mir zur Regel, den abwesenden Partner so gründlich wie möglich misszuverstehen; ich kann sicher sein, dass der Patient ihm brühwarm erzählt, welch haarsträubende Meinung ich mir über ihn gebildet habe, und dass er die erstbeste, beiläufig ausgesprochene Einladung nutzt, um mich aufzuklären und mir zu zeigen, wie falsch ich liege. Als Beispiel eine Szene aus einer Therapiesitzung:

THERAPEUT: Wahrscheinlich ist Ihr Mann außer sich, dass Sie sich dieses Kleid gekauft haben.

FRAU: Nein, eigentlich gar nicht.

THERAPEUT: Keine Ahnung, wie ich darauf komme, dass er furchtbar geizig sein muss.

FRAU: Komisch, das ist mir noch gar nicht aufgefallen.

THERAPEUT: Vielleicht ist er unbewusst geizig.

Oder ein anderer Fall:

THERAPEUT: Ihr Mann gibt also bei der Arbeit vor, Dinge zu können, die er gar nicht kann?

Frau: Nein, ich meinte nur, dass er bei der Arbeit manchmal ziemlich zu kämpfen hat.

Therapeut: Ihr Mann gehört wohl zu den Leuten, die ihre Fähigkeiten überschätzen.

Diese Art der Argumentation, die zum Schlimmsten gehört, was Paare sich angewöhnen können, wird sofort fallen gelassen, wenn sie ihren Zweck – den Mann zum Mitmachen zu bewegen – erfüllt hat. Der ganz beiläufig in meine Praxis eingeladene Mann wird prompt gerannt kommen, um mir zu erklären, dass er nicht geizig ist, sich nicht überschätzt und durchaus Ahnung von seinem Job hat. Meine Aufgabe ist es dann, dafür zu sorgen, dass er wiederkommt, zum Beispiel indem ich ihm sage, dass solche Missverständnisse leicht passieren, wenn man nur eine von zwei Seiten hört (vgl. Haley 1999).

Wenn ich Mann und Frau vor mir habe, richten sich meine Therapiemaßnahmen immer an beide gleichzeitig und gemeinsam; wenn sie alt genug und gleichermaßen von dem Konflikt betroffen sind, werden häufig auch die Kinder und eventuell sogar weitere Familienmitglieder einbezogen. In der ersten Sitzung lasse ich mir genau erklären, worin ihr Problem besteht, lehne jede Interpretation desselben ab und erinnere sie immer daran, dass sie es mir als ein in sich geschlossenes Verhaltensproblem beschreiben müssen. Was ich sage und tue, ist darauf ausgerichtet, ein konkretes Problem, das gemeinsam nach seiner Wichtigkeit ausgewählt wird, und immer nur eines auf einmal zu lösen; es geht nicht darum, ein Symptom zu bekämpfen, eine Krankheit zu heilen oder persönliche Eigenschaften eines Partners oder beider Partner zu ändern, auch wenn natürlich viele Probleme mit ihrem Charakter zusammenhängen. Ich befasse mich prinzipiell nur mit Problemen, die konkret, aktuell und für beide Partner unzweifelhaft vorhanden sind (vgl. Lai 1975, S. 91).

Dafür muss sowohl für den Mann als auch für die Frau das Problem, das sie als Paar haben, identisch mit dem sein, das sie jeweils als Einzelperson haben. Wenn diese Übereinstimmung nicht zumindest teilweise gegeben ist, kann ich ihnen nicht helfen. Als Erstes sondiere ich daher, was aus ihrer eigenen Sicht das Problem der Frau und was aus seiner eigenen Sicht das Problem des Mannes ist. Natürlich darf man dabei die Symptome der Frau und/oder des Mannes nicht mit dem Problem gleichsetzen, sondern muss versuchen, die Symptome problemorientiert zu deuten, denn es kann sein, dass bestimmte Symptome dem einen oder dem anderen Partner ganz gelegen kommen und daher nicht als problematisch angesehen werden. Außerdem darf das Problem, um als konkret zu gelten, nicht persönliche Eigenschaften der Partner betreffen, sondern muss sich auf konkrete Sachverhalte, nicht jedoch auf die Interpretation dieser Sachverhalte beziehen (vgl. Lai 1975, S. 98 ff.). Danach erkundige ich mich, welche Methoden die Partner bisher angewandt haben, um ihre Konflikte zu lösen, um so von Anfang an zu wissen, was ich nicht sagen und nicht empfehlen darf.

Anschließend frage ich das Paar, wie es sich die Lösung des Konflikts vorstellt. Diese Sitzung geht insofern an die Substanz, als die Partner bei der Beschreibung dessen, was sie von mir erwarten, häufig philosophisch werden – „glücklich sein", „einander verstehen", „einen Dialog knüpfen" – und ich sie dann auf den Boden der Tatsachen zurückholen muss. Wenn ich mir vornehme, zwei Menschen glücklich zu machen oder ihre Liebe wieder zum Leben zu erwecken und dafür nicht einmal die Pfeile Amors zur Verfügung habe, ist jeder Versuch, das Problem zu lösen, zum Scheitern verurteilt.

Psychotherapeutische Ansätze verfolgen mitunter so utopische Ziele (Selbstverwirklichung, dem Ich die Möglichkeit geben, sich für einen Weg und gegen einen anderen zu entscheiden, und Ähnliches), dass die Therapie unweigerlich Jahre dauert und selten ihren Zweck erreicht. Wenn hingegen das „Symptom" Untreue eines der Partner, körperliche und verbale Gewalt oder Geiz ist, kann man einen Versuch wagen.

Diese und die darauf folgenden Sitzungen werden mit Einverständnis der Parteien auf Video aufgenommen, so dass ich mir das, was sich vor meinen Augen abgespielt hat, hinterher in Ruhe und allein noch einmal ansehen kann. Ich weiß aus Erfahrung, dass mir im Eifer des Gefechts vieles entgeht, einerseits aufgrund meiner persönlichen Beteiligung und andererseits weil die Manöver oft äußerst subtil und daher schwer zu entlarven sind; das Videogerät ist also sozusagen mein Mikroskop (vgl. Berger 1978). Die Aufnahme dient außerdem dazu, die Partner, wo nötig, direkt mit ihren Manövern und ihrem Verhalten im Allgemeinen zu konfrontieren. Streitet zum Beispiel ein Mann ab, dass er lächelt, wenn seine Frau über sich selbst spricht, zeige ich es ihm sofort auf dem Video. Ich habe festgestellt, dass meine Patienten nur am Anfang durch die Aufzeichnung etwas gehemmt sind; danach gewöhnen sie sich an das Auge der Kamera und verhalten sich so, als wäre sie nicht da; in einer so engen und gefühlsbetonten Beziehung setzen sich die gewohnten Verhaltensweisen sofort wieder durch.

Dann halte ich eine Diagnosesitzung ab, in der ich mit Techniken, auf die ich an dieser Stelle nicht näher eingehen kann, die Merkmale des partnerschaftlichen Systems bloßlege, zu dem mein Rat gefordert ist. Am Ende vereinbare ich mit den Partnern die Gesamtzahl der Sitzungen, die selten höher als zehn liegt. Wie viele andere Therapeuten bin ich der Meinung, dass eine zeitliche Begrenzung ein Ansporn für das Paar ist und Manöver wie „Wie lange dauert das denn noch?!" oder „Herr Doktor, wir brauchen Sie noch" verhindert.

In den folgenden Sitzungen lasse ich mir die Geschichte ihrer Ehe und damit die Einzelheiten ihres Eheproblems erzählen und erläutere die Begriffe des Systems und der Äquifinalität, um Vokabeln wie „Recht" und „Unrecht" ein für alle Mal aus den Gesprächen zu verbannen. Wenn die Partner weiterhin mit den Totschlagargumenten „Sieh nur, was du angerichtet hast!" oder „Alles deine Schuld!" operieren, führe ich die Regel ein, dass jeder nur über sich selbst sprechen darf oder dass die Kommentare an mich statt an den Partner gerichtet werden müssen; fast immer verbiete ich, dass einer für den anderen spricht.

Auf der Basis meiner Erkenntnisse aus der Diagnosesitzung versuche ich, die Regeln des Systems zu ermitteln, wobei ich auch den Metaregeln, das heißt den Konflikten um das Recht, Regeln zu erlassen, auf den Grund gehe. Zu diesem Zweck achte ich besonders darauf, wie die beiden Personen, die ich vor mir habe, mit ihrer Rolle als Ehemann beziehungsweise Ehefrau umgehen und ob es Konflikte zwischen diesen Rollen gibt. Ich beobachte, wie die Partner, verbal und nonverbal, kommunizieren, wie sie Botschaften senden und wie sie diese empfangen. Ich versuche herauszubekommen, welche Missverständnisse zwischen den beiden bestehen, dass heißt, inwieweit sie sich gegenseitig so sehen, wie sich jeder selbst sieht.

Im Verborgenen verbünde ich mich einmal mit dem einen, einmal mit dem anderen Partner, um auf das System einzuwirken. Obwohl ich mich stets bemühe, objektiv zu sein, bin ich fast nie neutral, sondern ergreife, wenn auch nicht offen, einmal für diesen, einmal für jenen Partei, um zum Beispiel dem untergeordneten Partner zur übergeordneten Position zu verhelfen oder eine symmetrische in eine komplementäre Situation zu verwandeln.

Ich stelle mich dem Paar als erfahrener Beobachter vor, der seine Hilfe anbietet, und als „Vermittlung", die sicherstellt, dass die empfangenen Botschaften mit den gesendeten übereinstimmen, und dazu gegebenenfalls nonverbale Kommunikationshandlungen übersetzt. Wenn ich spreche, übernehme ich in kommunikativer Hinsicht eine Vorbildfunktion, indem ich mich immer möglichst klar ausdrücke. Ich weiß, dass sie nicht wissen, dass sie manches nicht wissen, und dass ich nicht weiß, was sie nicht wissen, aber im Gegensatz zu ihnen weiß ich, dass ich nichts weiß. Da ich mir darüber im Klaren bin, dass eine Art, sich der Therapie zu verweigern und die Homöostase zu bewahren, darin besteht, mir etwas vorzuenthalten, sage ich dem Paar, dass ich mir völlig darüber im Klaren bin, dass sie von zweierlei Dingen Kenntnis haben: von den Dingen, die sie mir sagen wollen, und denen, die sie mir nicht sagen wollen; ich sei damit einverstanden, dass sie mir letztere nicht sagen. Auf diese Weise verringere ich die Wahrscheinlichkeit, dass sie sich mir durch das Verschweigen bestimmter Dinge entziehen, weil ich ihnen selbst die Erlaubnis gegeben und ihnen hierdurch die Rechtfertigung und die Veranlassung genommen habe. Wenn jemand zu Ihnen sagt: „Ich weiß etwas, was ich dir aber auf keinen Fall erzählen kann", und Sie antworten: „Bitte, erzähl es mir nicht!", wird er ein unwiderstehliches Verlangen verspüren, Ihnen sein Geheimnis anzuvertrauen.

Häufig stelle ich bewusst provozierende Fragen, um, vor allem wenn sich eine gewisse Ermüdung einstellt, die Verhaltensmuster besonders deutlich zutage treten zu lassen: „Wieso sind bei Ihrem großen Bekanntenkreis ausgerechnet Sie beide ein Paar geworden?" oder „Was haben Sie

134

mit ihrer Ehe bezweckt?". Wenn es mir passend erscheint, Verhaltensweisen auch dadurch zu bekämpfen, dass ich sie aufdecke, vereitle ich manchmal die Manöver und Strategien, mit denen ein Partner gegen den anderen vorgeht.

Der wichtigste und im Grunde originellste Teil dieser therapeutischen Methode ist jedoch die Entwicklung und Umsetzung einer operativen Strategie, mit der ein klar definiertes Ziel erreicht wird. Obwohl ich natürlich von der Voraussetzung ausgehe, dass die Partner die Regeln ihrer Beziehung und ihre Art zu kommunizieren ändern müssen, fordere ich sie selten dazu auf, sich zu ändern. Es fiele mir nicht im Traum ein, einem Mann, der trinkt und damit den Zorn seiner Frau erregt, zu sagen, er solle aufhören zu trinken, oder einer treulosen Ehefrau nahe zu legen, fortan treu zu sein. Sie haben das schon hundert Mal gehört und wahrscheinlich tausend Mal selbst gedacht; wenn sie es nicht getan haben, so deshalb, weil es nicht so einfach ist.

Ich nehme grundsätzlich alles an, was die Patienten mir geben, und werte es in jedem Fall positiv. Wenn ein Mann trinkt, seine Frau schlägt, ihr kein Haushaltsgeld gibt, „bestens!": Er macht das, um sie näher bei sich zu haben, weil er Angst hat, sie zu verlieren, weil er sich selbst bestrafen will, indem er den Bösen spielt … Wenn eine Frau ihren Mann betrügt, das Geld zum Fenster hinauswirft, mit der Schwiegermutter zankt, „bestens!": Sie macht das, um seine Aufmerksamkeit zu gewinnen, weil sie Angst hat, dass er sie verlässt, weil sie sich für das Wohl der Familie opfern will … Was damit positiv bewertet wird, ist jedoch weniger das Verhalten der Partner, sondern hauptsächlich die Homöostase des Systems. Das ist die beste Methode, um zu verhindern, dass man durch einen plötzlichen Abbruch der Therapie aus dem System herauskatapultiert wird (vgl. Selvini Palazzoli et al. 1999, S. 59 ff.). Diese positive Bewertung des Problems ist schon an sich ziemlich absurd, denn wenn alles so positiv wäre, wie ich behaupte, verstünde niemand, warum das Paar überhaupt vor mir sitzt. Ich merke daher an, dass trotz ihrer guten Absichten irgendetwas nicht so läuft, wie es soll.

Um das System zu erschüttern, definiere ich die Beziehung zwischen den Partnern immer anders, als sie selbst es tun. Wenn die Frau untergeordnet ist, weil ihr Mann ein Tyrann ist, streiche ich heraus, dass sie diese Situation offensichtlich aus Berechnung akzeptiert, um ihren Mann vor etwaigen Identitätskrisen zu beschützen, durch die er sich nutzlos fühlen würde, und weise gleichzeitig darauf hin, dass die gewisse Dominanz des Mannes auf sein Bedürfnis nach mehr Nähe zurückzuführen ist. Daraufhin muss er, der in keiner Weise beschützt werden will, sondern beweisen muss, dass er darauf nicht angewiesen ist, und der keinesfalls mehr Nähe wünscht, die Beziehung zu seiner Frau revidieren, um diese Definition zu widerlegen.

Wenn ich merke, dass die Frau ihren Mann in die untergeordnete Position drängt, indem sie ständig irgendwelche Leiden erfindet und ihn, dem das bereits gewaltig stinkt, dazu zwingt, sich um sie zu kümmern, bedauere ich sie, hebe jedoch ihre Opferbereitschaft hervor, wie tapfer sie trotz ihrer Krankheit so vielen Haushaltspflichten nachkommt, sauber macht, bügelt, näht … Dann drehe ich den Spieß um und gebe kund, dass ihre Krankheit ein symbolisches Zeichen für die Verehrung ist, die sie für ihren Mann hegt, und dass sie damit ihren unbewussten Wunsch ausdrückt, völlig unter seiner Fuchtel zu stehen. Damit schmälere ich einerseits die „klinische" Bedeutung ihrer Krankheit und bringe sie andererseits unauffällig dazu, sie sich zu verkneifen, weil sie natürlich alles andere als unter der Fuchtel ihres Mann stehen will; diesem lege ich gleichzeitig nahe, angesichts des „unbewussten Wunsches" seiner Frau seine Gefühllosigkeit und Tyrannei so weit zu treiben, dass er sich nicht einmal mehr für ihren Gesundheitszustand interessiert. Ich definiere also ihre Beziehung neu und schlage gleichzeitig neue Regeln vor.

Ich stelle mich dem Paar als ein Erfinder von Paarsystemen vor, dessen Anweisungen unbedingt erfüllt werden müssen, auch wenn sie hirnrissig, seltsam, absurd oder paradox erscheinen mögen. Normalerweise beginne ich mit den Regeln und den Metaregeln. Funktioniert das System nicht, weil die Regeln, die ich gemeinsam mit ihnen zutage gefördert habe, schlecht gewählt sind und/oder weil Uneinigkeit darüber herrscht, wer sie festsetzen darf, entbinde ich beide Partner von dieser Aufgabe und erlasse in den bereits erwähnten „Gesetzgebenden Versammlungen zum Familienverhalten" selbst die Gesetze.

Die Strategie besteht im Wesentlichen darin, dem Paar genau das Verhalten vorzuschreiben, das ihr Problem ausmacht. Der Ratschlag, sich um die Überwindung der Probleme zu bemühen, ist Zeitverschwendung: Das haben sie schon probiert – ohne Erfolg. Die Bedingungen so zu verändern, dass das „Symptom" nicht mehr auftritt, dauert zu lange und ist manchmal schlechthin unmöglich. Deshalb ist es meines Erachtens sinnvoller, ihr Verhalten so gekünstelt wirken zu lassen, dass es ihnen selbst komisch vorkommt und sie sich entschließen, es abzulegen. Zu diesem Zweck ordne ich beispielsweise an, einen Partner zu provozieren, bis er seine bevorzugte Strategie gegen den Partner ins Extrem treibt.

Zur Verdeutlichung sei erläutert, wie ich mit dem bei Paaren meistverbreiteten Symptom umgehe: dem Streiten. Liegen zwei Partner sich ständig, aber nicht heftig in den Haaren, weise ich sie an, nach Hause zu gehen und sich ein erbittertes Gefecht zu liefern, das sie am besten auf Tonband aufnehmen, damit wir es uns hinterher gemeinsam anhören können. Zanken sie prinzipiell mit äußerstem Einsatz, erlaube ich ihnen dies ausschließlich in meinem Beisein, indem ich ihnen zum Beispiel eine vorübergehende Trennung auferlege. Dann messe ich ihren Auseinandersetzungen eine ganz neue Bedeutung bei, erkläre ihnen, dass sie sich dabei nicht klar genug ausdrücken und dass der Grund ihres Streitens gar nicht der ist, den sie annehmen, sondern ein ganz anderer, den ich ihnen vielleicht später einmal enthüllen werde. In jedem Fall sende ich eine Botschaft, die zwei unvereinbare Komponenten enthält und somit paradox ist, weil ich als ihr Therapeut ja eigentlich ihre Eintracht im Sinn habe, sie gleichzeitig jedoch zum Streiten, zur Uneinigkeit, zur Trennung ermuntere und sie so in dem Verhalten bestärke, das ihrer Erwartung nach geändert werden muss. Obwohl ich sie auffordere, mir zu gehorchen, spricht alles dafür, dass ich erwarte, dass sie sich mir widersetzen.

Das hat zweierlei Effekt: Einerseits widerlegt es die Auffassung, dass sie auf die in ihrer Beziehung auftretenden Konflikte und Symptome keinen Einfluss haben, denn ich beweise ihnen damit ja, dass sie diese immerhin verstärken können. Andererseits lässt eine paradoxe Aufforderung à la „Seien Sie spontaner!" den Streit gekünstelt wirken. Wie soll man denn auf Befehl streiten? Ein richtig schöner Krach muss doch spontan entstehen, kann doch nicht angeordnet werden; wenn jemand anderes ihn anstiftet, wird das Ganze lächerlich.

Bemerkenswerterweise befindet das Paar sich auch dann in einer unhaltbaren Situation, wenn es der Aufforderung nicht Folge leistet. Eine Missachtung der Aufforderung ist nur dadurch möglich, dass sie nicht streiten, worauf die Therapie ja eigentlich abzielt; wenn sie die Anweisung befolgen, geraten sie hingegen in die von mir vorgesehene gekünstelte Lage. Betrachten wir ein paar weitere Fälle. Wenn ein Mann dreimal die Woche abends alleine ausgeht und seine Frau sich darüber aufregt, sage ich zu ihr: „Frau Huber, Sie sollten Ihren Mann dazu bringen, generell jeden Abend auszugehen." Geht der Mann aus, weil, was meistens der Fall ist, er ein bisschen Freiraum braucht, so wird ihn die Haltung seiner Frau irritieren und er wird nicht immer Lust haben auszugehen. Es ist immer blöd, wenn man gezwungen wird, sich zu amüsieren. Geht er aus, weil er eine Geliebte hat (vielleicht weil er sich an seiner Frau rächen will oder weil er einfach ab und zu eine andere Frau braucht), ist es für ihn genauso unangenehm, sich vor der eigenen Frau wie ein Junggeselle aufführen zu müssen. Es kann uns eben niemand zwingen, frei zu sein.

Im Grunde profitiere ich von dem Widerstand, den die Patienten mir und ihrem Partner gegenüber leisten, und nutze das, was sie mir geben, für die Therapie. Genau die gleiche Methode wird im Judo angewandt, wo man sich dem gegnerischen Angriff nicht widersetzt, sondern ihn ausnutzt und ihn, etwa durch das Ausstrecken eines Beins, leicht verändert, so dass der Gegner am Ende auf dem Rücken landet. Erickson vergleicht das mit der Umleitung eines Flusslaufs: Hemmt man den Wasserlauf, verursacht man eine Überschwemmung; nutzt man hingegen die Kraft des Wassers und lenkt sie zu den eigenen Zwecken um, hat man schon viel gewonnen.

Dass die Aufforderung des strategisch vorgehenden Therapeuten paradox ist, hat meist den durchaus erwünschten Effekt, dass die Partner sich gegen ihn verbünden: „Wofür hält er sich?!", „Wie kann er behaupten, dass er uns damit hilft?!", „Der spinnt doch!", „So weit ist es schon mit uns gekommen!". Dies ist ein wichtiger Augenblick: Das Bündnis der Partner gegen den Therapeuten muss im richtigen Moment ausgenutzt werden, um in ihnen das Bedürfnis zu wecken, die Aufforderung, heftiger zu streiten, häufiger zu schweigen, sich mehr gehen zu lassen, dadurch als absurd zu entlarven, dass sie ihr zuwiderhandeln – und das ist ja genau das, was gemeinsam als Ziel der Therapie vereinbart wurde.

Es ist meist sehr schwer, das Absurde zu begründen, die Paradoxie der Aufforderungen zu rechtfertigen. Ich gebe mich ja, wie schon gesagt, als Erfinder von Paarsystemen aus, doch das reicht nicht: Damit die Methode anschlägt, muss man auf derselben Wellenlänge wie das Paar liegen. Manchmal genügt es zu sagen, dass man den Versuch, das Problem zu verschärfen, riskieren muss, um zu sehen, wie weit sich der Konflikt ausweiten kann. Bei anspruchsvolleren Patienten empfiehlt es sich zu erklären, dass der Konflikt und das Symptom Ausdruck unbefriedigter Schuldgefühle sind und daher bewusst ausgelebt werden müssen, damit ihre Ursache durch das freiwillige Opfer aus dem Weg geräumt werden kann. Die Psycho-Tour, das heißt die Begründung von allem und jedem durch das Unbewusste, wirkt so gut wie immer; man kann damit auch die haarsträubendsten Diagnosen salonfähig machen.

Komplizierter wird es bei misstrauischen Patienten, und derer gibt es viele. Um sie ranzukriegen, kann man sich verschiedener Verfahren bedienen. Man kann zum Beispiel sagen, dass es einen einfachen, scheinbar absurden Ausweg gibt, man sich jedoch sicher ist, dass der Betreffende für diese Art von Therapie nicht zu gebrauchen ist: Er wird sofort alles tun, um dem Therapeuten zu beweisen, dass er Unrecht hat. Oder man zeigt sich noch pessimistischer als der Patient selbst, indem man feststellt, dass die Beschäftigung mit seinem Problem Zeitverschwendung ist, dass er der hoffnungsloseste Fall ist, der einem je begegnet ist, und dass man ihm höchstens helfen kann, mit seinen Problemen leben zu lernen, wenn man sie schon nicht lösen kann: So ist es der Therapeut und nicht der Patient, der auf die Nutzlosigkeit der Therapie pocht. In allen diesen Fällen werfen misstrauische, zweiflerische und wenig motivierte Patienten, sofern sie nicht die Therapie abbrechen, entweder ihre Skepsis über Bord oder versuchen zu beweisen, dass ich Unrecht habe: Meistens wird dadurch das gewünschte Ziel erreicht (zu diesen und zahlreichen anderen Methoden vgl. Haley 1999; Watzlawick, Weakland u. Fisch 2001).

Streitet der Patient die heilsame Wirkung der Therapie ab, derer ich mir hingegen sicher bin, bitte ich ihn, nicht mehr von seinen Fortschritten zu erzählen, und setze ein baldiges Ende der Therapie fest. Macht ein Paar allzu schnell Fortschritte und habe ich den Eindruck, dass es sich um eine „Flucht in die Heilung" handelt, auf die üblicherweise ein Rückfall folgt, mit dem der Patient dann die Vergeblichkeit der Therapie beweisen kann, beuge ich dieser Entwicklung vor, indem ich die Fortschritte der Partner als tatsächlichen Erfolg begrüße und sie auffordere, sich in ihre Lage während der ersten Sitzung zurückzuversetzen, als es ihnen schlechter ging: „So können wir feststellen, ob uns etwas entgangen ist"; die Aufforderung, sich schlechter zu fühlen, verhindert, dass sich der Zustand tatsächlich verschlechtert, und fördert somit die Besserung. Bisweilen kann es angeraten sein, einen Rückfall anzuordnen, indem man diesen als unvermeidlich oder zweckdienlich hinstellt: „Vor der nächsten Sitzung werden Sie wieder anfangen, Ihre Frau zu beschimpfen!", „Frau Peters, Sie müssen unbedingt wieder mit dem Kollegen Ihres Mannes flirten!".

Ich wiederhole: Befolgen die Partner die Anordnungen, wird das als Beweis dafür ausgelegt, dass sie ihr Verhalten mit ihrem Willen steuern können; dies ist die Voraussetzung dafür, dass sie freiwillig auf das Therapieziel hinarbeiten. Befolgen sie die Anordnungen nicht, ist insofern der Zweck der Behandlung erreicht, als diese genau darauf abzielte, dass sich die Partner nicht wie vorgeschrieben verhalten.

Ich habe zusammenfassend und sehr vereinfacht das komplizierte Spiel dargestellt, das der Therapeut als Stratege mit dem entzweiten Paar spielt. Am Anfang kenne ich ihre Spielregeln nicht, sie kennen meine nicht, jeder spielt sein Spiel und lässt sich kaum auf das des anderen ein. Das Paar kann auf eine gewisse Erfahrung im Mannschaftsspiel zurückgreifen, sie sind ein Mini-Team, und ich bin allein; zudem strebt ihre Beziehung von Natur aus danach, so zu bleiben, wie sie ist, während ich sie ändern will: Häufig behalten diese Kräfte die Übermacht, und die Therapie scheitert. Mein Trumpf ist, dass normalerweise beide Partner, die sich ja deshalb an mich gewandt haben, mir zutrauen, dass ich den Dingen eine positive Wendung geben kann. Ich bin es also, der die Spielregeln ändern muss. Es tut mir Leid, dass ich dieses Vertrauen so schändlich ausnutze, aber ich spiele ja gegen ihr Paarsystem und nicht gegen sie; in der Therapie kämpfe ich gegen die Regeln, unter denen sie leiden, und nicht gegen sie, die leiden.

Literaturverzeichnis

Bach, G. R. u. P. Wyden (1997): Streiten verbindet. Spielregeln für Liebe und Ehe. Frankfurt/M. (Fischer Taschenbuch).

Berger, M. M. (1978): Videotape Techniques in Psychiatric Training and Treatment. New York (Brunner-Mazel).

Berne, E. (2000): Spielarten und Spielregeln der Liebe. Psychologische Analyse der Partnerbeziehung. Reinbek (Rowohlt).

Berne, E. (2002): Spiele der Erwachsenen. Psychologie der menschlichen Beziehungen. Reinbek (Rowohlt).

Bertalanffy, L. von (1998): General system theory. Foundations, development, applications. New York (Braziller).

Gorad, S. L. (1971): Communicational styles and interaction of alcoholics and their wives. *Family Process:* 479.

Gulotta, G. (1973a): Psicoanalisi e responsabilità penale. Milano (Giuffrè).

Gulotta, G. (1973b): Psicologia e terapia del disaccordo coniugale. *Il diritto di famiglia e delle persone* 1973 (1): 538, 834, 1169.

Gulotta, G. (1974): Psicologia e terapia del disaccordo coniugale. *Il diritto di famiglia e delle persone* 1974 (2): 220, 518, 1196.

Haley, J. (1987): Gemeinsamer Nenner Interaktion. Strategien der Psychotherapie. München (Pfeiffer).

Haley, J. (1999): Die Psychotherapie Milton H. Ericksons. München (Pfeiffer)/Stuttgart (Klett-Cotta).

Lai, G. P. (1975): Fondamenti tecnici per il trattamento del problema dei due componenti di una coppia coniugale. In: A. Bonetti et al. (eds.): Problemi della famiglia. Milano (Tamburini).

Laing, R. D. (1973): Das Selbst und die Anderen. Köln (Kiepenheuer & Witsch).

Laing, R. D. (1996): Knoten. Reinbek (Rowohlt).

Lederer, W. J. u. D. D. Jackson (1980): Ehe als Lernprozeß. Wie Partnerschaft gelingt. München (Pfeiffer).

MacAndrew, C. a. R. B. Edgerton (1973): Drunken Comportment. A Social Explanation. Chicago (Aldine).

Mozdzierz, G. a. T. Lottman (1973): Games Married Couples Play. *Journal of Individual Psychology* 1973 (29).

Satir, V. (1997): Familienbehandlung. Kommunikation und Beziehung in Theorie, Erleben und Therapie. Freiburg/Brsg. (Lambertus).

Selvini Palazzoli, M. u. a. (1999): Paradoxon und Gegenparadoxon. Ein neues Therapiemodell für die Familie mit schizophrener Störung. Stuttgart (Klett-Cotta).

Spiegel, J. (1968): The Resolution of Role Conflict within the Family. In: E. Vogel a. M. Bell (eds.): Modern Introduction to the Family. New York (Free Press).

Wahlroos, S. (1980): Familienglück kann jeder lernen. Regeln für das Zusammenleben. Frankfurt/M. (Fischer Taschenbuch).

Watzlawick, P., J. H. Beavin u. D. D. Jackson (2000): Menschliche Kommunikation. Formen, Störungen, Paradoxien. Bern u. a. (Huber).

Watzlawick, P., J. Weakland u. R. Fisch (2001): Lösungen. Zur Theorie und Praxis menschlichen Wandels. Bern u. a. (Huber).